논리야, 놀자

이야기로 익히는 논리 학습 ❷

논리야, 놀자

1992년 12월 15일 1판 1쇄
1994년 1월 10일 2판 1쇄
2002년 4월 10일 3판 1쇄
2022년 7월 20일 3판 22쇄
2023년 3월 30일 4판 1쇄
2025년 1월 10일 4판 4쇄

글쓴이 위기철
그린이 김우선

편집 최옥미, 최일주 **제작** 박흥기 **마케팅** 양현범, 이장열, 김지원 **홍보** 조민희
출력 한국커뮤니케이션 **인쇄** 천일문화사 **제책** J&D바인텍
펴낸이 강맑실 **펴낸곳** (주)사계절출판사 **등록** 제 406-2003-034호
주소 (우)10881 경기도 파주시 회동길 252 **전화** 031)955-8588, 8558
전송 마케팅부 031)955-8595 | 편집부 031)955-8596 **홈페이지** www.sakyejul.net
전자우편 skj@sakyejul.com **블로그** blog.naver.com/skjmail
인스타그램 instagram.com/sakyejulkid **페이스북** facebook.com/sakyejulkid

© 위기철, 1992

ISBN 979-11-6981-114-9 03170
      979-11-6981-123-1 (세트)

이야기로 익히는 논리 학습 ❷

논리야,
놀자

위기철 지음 | 김우선 그림

사ㅁ계절

이 책을 읽는 독자들에게

우리는 생각을 많이 합니다.

학교 가는 길에도 생각을 하고, 집에 오는 길에도 생각을 하고, 친구들과 이야기하면서도 생각을 하고, 책을 읽으면서도 생각을 하고, 일기를 쓰면서도 생각을 합니다.

그런데 우리는 늘 옳은 생각만 하고 살지는 않습니다. 잘못 생각하여 오해를 하기도 하고, 착각을 하기도 하고, 또는 뭐가 뭔지 혼동스러울 때도 있습니다.

이렇게 잘못된 생각을 할 때마다 여러분은 스스로가 한심하다는 생각도 들 것입니다. 하지만 잘못된 생각은 누구나 하는 것입니다. 어떤 사람도 언제나 올바른 생각만 하고 살 수는 없습니다.

그러나 되도록 옳은 생각을 많이 하고, 잘못된 생각을 줄일 수 있게끔 노력해야 합니다.

옳은 생각을 많이 하고 잘못된 생각을 줄일 수 있는 방법에는 여러 가지가 있습니다. 논리를 배우는 방법도 그 가운데 하나이지요.

이 책은 바로 논리를 배우는 책입니다.

여러분 가운데에는 이 책을 직접 골라서 읽는 사람도 있을 것이고, 부모님이나 선생님이 권해서 읽는 사람도 있을 것입니다.

어떻게 이 책을 읽게 되었든, 이 책에 흥미를 갖고 차근차근 읽어 나가 보세요. 이해하기 어려운 내용이 나오면 껑충 건너뛰어도 좋습니다. 재미있는 이야기만 쏙쏙 골라서 읽어도 좋습니다. 잘 모르거나 궁금한 점은 부모님이나 선생님께 여쭈어 보세요. 또는 저한테 직접 편지를 보내서도 좋습니다.

이 책을 끝까지 읽고 나면 여러분은 다른 책에서는 배울 수 없던 많은 것들을 새롭게 알게 될 것입니다. 그것은 바로 '생각하는 방법'이지요.

이 책의 내용을 잘 익혀 두면, 여러분은 앞으로 살아가는 동안 반드시 이렇게 외칠 때가 있을 것입니다.

"고맙다, 논리야!"

글쓴이

부모님, 선생님께

1. 논리와 현실의 거리 좁히기

논리학은 '사고의 형식과 법칙'을 다루는 학문입니다.

그래서 논리학을 잘 익혀 두면 조리 있고 설득력 있게 말하거나 글을 쓰는 데 도움이 됩니다. 또 어떤 판단의 옳고 그름을 가르거나, 주장의 정당함을 입증할 때에도 논리적 사고 능력은 반드시 필요합니다.

이처럼 논리학은 여러모로 쓸모 있는 학문이지만, 많은 사람들은 논리학을 일상생활과 관계없는 골치 아픈 학문으로 여기곤 합니다.

논리학이 이렇게 우리의 일상적 사고와 멀어지게 된 데에는 "논리학은 판단의 내용을 다루지 않는다."는 형식논리학의 통념에도 적잖은 원인이 있을 것입니다. 실제로 현대의 기호논리학은 극단적으로 형식에 치우친 나머지, 모든 판단을 수학 공식과 같은 기호로 대치하기도 합니다. 그래서 논리학을 무슨 '허무맹랑한 말장난'이나 '까다로운 퍼즐 문제'처럼 여기는 사람들도 있습니다.

내용을 다루지 않는 논리학이 우리에게 낯설고 골치 아프게 느껴지는 것은 당연합니다.

이 책은 "논리학은 판단의 내용을 다루지 않는다."는 논리학 통념과는 정반대로, 판단의 내용에서부터 형식을 끌어내는 방법으로 서술했습니다.

이야기 속에 나타난, 또는 일상생활 속에 나타난 사고를 논리에 따라 차근차근 정리해 나가다 보면, 논리학도 그리 골치 아픈 학문만은 아님을 느낄 수 있을 것입니다.

이 책을 읽은 어린이들이 "논리적 사고는 일상생활과 결코 무관한 것이 아니다."는 사실만 깨닫는다면, 이 책의 목표는 일단 이루었다고 할 수 있을 것입니다.

2. 이 책을 학습하는 방법

이 책에서는 논리 학습을 위한 여러 가지 주제들을 한 이야기에 한 토막씩 다루었습니다.

그리고 이 토막들마다 '이야기'와 '도움말'과 '알아맞혀 보세요'를 넣었습니다. 물론 이 셋은 모두 하나의 주제를 학습할 수 있게 엮은 것입니다. '이야기'에서 느낀 점을 '도움말'에서 정리하고, '도움말'에서 정리한 것을 다시 '알아맞혀 보세요'에서 적용할 수 있게끔 배치했습니다.

그러니 '이야기' → '도움말' → '알아맞혀 보세요' 순서로 읽게끔 지도해 주십시오.

학년이 낮은 어린이 가운데에는 '도움말'을 어렵다고 느낄 수도 있을 것입니다. 이해 수준이 낮다고 해서, 학습에 지나친 부담을 느끼게 하지는 마십시오. '도움말'을 정 어렵게 느끼는 어린이는 그냥 '이야기' 부분만 죽 읽어 나가게 하여 일단 책에 흥미를 느끼게 해 주세요. 그리고 나중에 '도움말' 가운데 쉬운 부분부터 차근차근 다시 읽게 하면 좋을 것입니다.

'도움말'에는 어린이들한테 익숙하지 않은 개념들이 자주 나옵니다. 이 개념들은 무작정 외우게 하기보다는 그것이 어떻게 쓰이는지를 이해할 수 있게끔 하는 편이 좋습니다. (개념을 외우는 데 너무 부담을 느끼게 하는 것은 좋지 않습니다.)

'알아맞혀 보세요'는 너무 싱겁다고 느낄 만큼 쉬운 문제들로 엮어 놓았습니다. 설사 '도움말'의 내용을 몰라도 상식적인 판단만으로도 충분히 풀 수 있는 문제이니, 부담 없이 풀어 보게 해 주세요.

　그리고 마지막으로 이 책을 어린이 혼자 읽게 하기보다는 어른도 함께 읽을 것을 권하고 싶습니다. 그래서 어린이들이 궁금해하는 점은 그때그때 막힘없이 풀어 주거나 토론하게 해 주십시오.

글쓴이 올림

차 례

연역 추리란 어떤 것일까요?

귀납 추리란 어떤 것일까요?

귀 막고 도둑질하기

어느 부잣집 대문 위에 커다란 방울이 하나 걸려 있었습니다. 그래서 문을 열고 닫을 때마다 시끄럽게 딸랑딸랑 방울 소리를 냈습니다. 그 소리가 어찌나 큰지 안에서 들으면 누가 왔는지 금세 알아차릴 수 있었습니다.

그러나 도둑들한테는 이 방울이 여간 골칫거리가 아니었습니다. 밤에 몰래 물건을 훔치러 들어갈라치면, 아무리 조심을 해도 방울이 딸랑딸랑 울리게 됩니다. 그러면 그 소리를 듣고 주인이 잠에서 깨어 뛰어나오지요.

이 방울 때문에 도둑들은 그 집에 얼씬도 할 수 없었습니다. 그런데 어떤 도둑이 그 방울을 보며 궁리를 했습니다.

"저 망할 놈의 방울 소리 좀 안 나게 할 무슨 좋은 방법이 없을까?"

도둑은 머리를 싸매고 궁리를 했지요.

15

"가만있자, 우리가 소리를 듣는 것은 귀가 있기 때문이지. 귀를 막으면 아무 소리도 안 들리잖아? 귀를 막으면 딸랑딸랑 방울 소리도 들리지 않을 테지. 옳아, 그렇게 하면 되겠군!"

그날 밤 도둑은 살금살금 그 부잣집 대문 앞에 다가갔습니다.
그리고 주머니에서 솜을 꺼내 제 귀를 꽉 틀어막았습니다.
'이렇게 귀를 막으면 방울 소리가 안 들리겠지!'
도둑은 이렇게 생각하며 대문을 벌컥 열었습니다.
아니나 다를까, 방울 소리는 하나도 들리지 않았습니다.
"하하하! 이렇게 간단한 방법이 있는 줄도 모르고 그동안 공연히 속을 썩였구나!"

도둑은 큰 소리로 웃었습니다. 도둑의 귀에는 그 웃음소리마저 들리지 않았습니다.

도둑은 안심하고 물건을 훔치기 시작했습니다. 서랍을 뒤지고, 장롱을 뒤지고, 찬장을 뒤졌습니다.

흥얼흥얼 콧노래까지 부르며 뒤졌지요.

"노래 부르면서 도둑질하기는 처음인걸! 하하하! 앞으로 도둑질을 할 때에는 꼭 귀를 막고 해야겠어."

도둑이 신나게 물건을 훔치고 있는 동안, 도둑 뒤에는 주인이 몽둥이를 든 채 떡 버티고 서 있었습니다. 도둑은 솜으로 귀를 틀어막아서 주인이 오는 소리도 못 들었던 것입니다.

주인은 몽둥이를 들고 천천히 도둑에게 다가갔습니다.

자, 다음 순간 도둑은 어떻게 되었을까요?

도움말　**주관 판단과 객관 판단**

그야 주인한테 실컷 몽둥이찜질을 당한 다음, 꽁꽁 묶여 끌려갔을 테지요.

정말 어리석은 도둑이지요? 제 귀를 막는다고 다른 사람들까지 못 들을 거라고 생각했으니 말입니다.

"내 귀를 막으면 아무도 방울 소리를 들을 수 없다."

이것은 자기 혼자만의 생각일 뿐입니다. 제 귀를 막든 말든, 문을 열면 방울 소리는 딸랑딸랑 울리게 마련이니까요.

판단에는 그저 '자기 생각에 그렇다는 판단'도 있고, '실제 사실이 그렇다는 판단'도 있습니다. 예를 들어 볼까요?

"지혜는 참 예쁘다."

이것은 자기 생각에 그렇다는 판단입니다. 다른 사람은 "지혜는 예쁘지 않다."고 생각할 수도 있으니까요.

"닭은 알을 낳는 동물이다."

이것은 실제 사실이 그렇다는 판단입니다. 만일 "닭은 새끼를 낳는다."고 판단한다면, 그 판단은 틀린 판단이지요.

여기서 '자기 생각에 그렇다는 판단'을 **주관 판단**이라 하고, '실제 사실이 그렇다는 판단'을 **객관 판단**이라고 합니다.

우리가 어떤 판단을 할 때에는 그것이 자기 생각에 그렇다는 주관 판단인지, 실제 사실이 그렇다는 객관 판단인지 잘 구분해야 합니다.

그렇지 않으면 앞 이야기에 나오는 도둑처럼 한심한 꼴이 되고 말 테니까요.

다음 판단을 보고, 그것이 '자기 생각에 그렇다'는 주관 판단 인지, 아니면 '실제 사실이 그렇다'는 객관 판단인지 구분해 보세요. 또 어째서 그렇게 생각하는지 이유를 대 보세요.

- 뱀은 징그럽다.
- 지구는 태양 둘레를 돈다.
- 떡볶이는 세상에서 가장 맛있는 음식이다.
- 단것을 많이 먹으면 이가 썩는다.
- 『몽실 언니』는 참 재미있다.
- 『몽실 언니』는 권정생 선생님이 쓴 작품이다.

땅벌에 쏘인 얼룩말을 보고 놀란 새끼 사자

새끼 사자가 어느 정도 자라자, 어미 사자가 말했습니다.

"자, 이제 너도 그만큼 자랐으니까 사냥하는 법을 배워야 해. 가서 무슨 동물이라도 좋으니 네 힘으로 잡아 오너라."

"예, 알겠어요. 저도 이젠 제 힘으로 사냥할 수 있어요."

새끼 사자는 으쓱거리며 사냥을 하러 나갔습니다.

그런데 얼마쯤 가다가 보니 얼룩말 한 마리가 한가롭게 풀을 뜯고 있었습니다.

"저게 무슨 동물이지? 무늬가 얼룩덜룩해서 좀 무섭게 생기기는 했지만, 별로 힘이 세어 보이지는 않는걸……. 옳지! 내가 저놈을 잡아가면 어머니가 무척 기뻐하실 거야."

새끼 사자는 얼룩말 곁으로 살금살금 다가갔습니다.

그때였습니다.

마침 땅벌 한 마리가 애앵 날아와서 얼룩말 엉덩이를 콕 쏘아

20

버렸습니다.

그 바람에 깜짝 놀란 얼룩말은 푸르륵 히힝 소리를 내며 펄쩍펄쩍 날뛰었습니다.

어찌나 날뛰던지 땅이 푹푹 파일 지경이었습니다. 게다가 얼룩말이 얼떨결에 뒷발로 곁에 있던 나무를 세게 걷어차자, 나무가 우지끈 부러져 버렸습니다.

벌한테 엉덩이를 쏘인 얼룩말은 우당탕 퉁탕 닥치는 대로 걷어차고, 뒹굴고, 난리 법석을 피웠습니다.

그 모양을 본 새끼 사자는 깜짝 놀랐습니다.

"와! 세상에 저렇게 사나운 동물은 처음 보는군. 그것도 모르고 저놈한테 덤벼들 뻔했잖아! 공연히 다치기 전에 얼른 피해야지."

그런데 하필이면 그날 따라 새끼 사자가 가는 곳마다 얼룩말만 눈에 띄었습니다.

새끼 사자는 얼룩말이 무시무시한 동물이라고 생각하고 슬금슬금 피해 다녔지요.

그래서 새끼 사자는 사냥을 허탕 치고 돌아와야 했습니다.

새끼 사자는 어미 사자한테 말했습니다.

"사냥감이 도통 눈에 띄지 않았어요. 얼룩덜룩한 줄무늬 동물만 눈에 띄었는데, 어찌나 사나운지 잡을 수가 없었어요."

어미 사자는 고개를 갸웃거렸습니다.

"얼룩덜룩한 줄무늬 동물? 얘, 그건 얼룩말이 아니냐?"

"예, 너무너무 사나웠어요. 마구 날뛰며 발로 나무를 걷어차자, 나무가 우지끈 넘어졌어요."

새끼 사자의 말을 듣고 난 어미 사자는 한숨을 쉬며 새끼 사자를 꾸짖었습니다.

"얘야, 네가 어쩌다 땅벌에 쏘인 얼룩말을 본 모양이구나. 하지만 땅벌에 쏘인 얼룩말 한 마리가 어쩌다 한 번 사납게 굴었다고 해서 모든 얼룩말들이 다 사나운 것은 아니잖니? 얼룩말들은 옛날이나 지금이나 고분고분하게 우리 사자들의 맛있는 먹이가 되어 왔단다. 땅벌에 쏘인 얼룩말 한 마리를 보고 놀라다니, 너는 도무지 사자답지가 않구나.”

새끼 사자는 얼굴이 빨개져서 고개를 푹 숙였답니다.

도움말 개별 판단과 보편 판단

그래요. 땅벌에 쏘인 얼룩말이 어쩌다 한 번 사납게 굴었다고 해서, 모든 얼룩말들이 다 사나운 것은 아니지요.

“저 얼룩말은 사납다.”

이것은 어떤 특별한 얼룩말이 사납다는 판단입니다.

“얼룩말은 사납다.”

이것은 얼룩말들 전체가 사나운 성질을 가지고 있다는 판단입니다.

이 두 판단은 비슷해 보이지만, 서로 다른 판단입니다. 그러므로 이것을 똑같은 판단이라고 착각하면, 새끼 사자처럼 그릇된 판단을 하게 됩니다.

자, 또 예를 들어 볼까요?

앞 못 보는 장님이 코끼리 코를 만져 보고 이렇게 말했습니다.

"음, 코끼리는 뱀처럼 길게 생긴 동물이군."

이것은 옳은 판단일까요? 그렇지 않겠지요?

① 코끼리는 코가 뱀처럼 길게 생긴 동물이다.

② 코끼리는 뱀처럼 길게 생긴 동물이다.

①은 코끼리의 몸 가운데 어떤 특별한 부분에 대한 판단입니다. 하지만 ②는 코끼리 몸 전체가 뱀처럼 길게 생겼다는 판단입

24

니다.

이 두 판단은 서로 다른 판단입니다.

바로 여기서 "장님 코끼리 만지기"라는 속담이 나왔답니다. 이것은 어떤 부분만 보고 전체도 그러하려니 생각할 때 쓰는 말이지요. 앞 이야기에 나온 새끼 사자도 바로 '장님 코끼리 만지기'를 한 셈이지요.

자, 여기서 또 새로운 개념 하나를 알아 두세요. 어떤 특별한 것에 대한 판단을 **개별 판단**이라 하고, 그것 전체에 대한 판단을 **보편 판단**이라고 합니다.

알아맞혀 보세요!

다음 두 판단 가운데 어떤 것이 개별 판단이고, 어떤 것이 보편 판단인지 구분해 보세요. 그리고 두 판단이 어떻게 다른지 생각해 보세요.

    ┌ 개똥이는 나한테 거짓말을 했다.
    └ 개똥이는 거짓말쟁이이다.

    ┌ 김슬기는 눈이 예쁘다.
    └ 김슬기는 예쁘다.

┌ 김슬기는 예쁘다.
└ 어린이는 예쁘다.

귀띔말 "김슬기는 예쁘다."는 똑같은 문장이지요? 하지만 똑같은 문장도 어떻게 쓰느냐에 따라 개별 판단인지 보편 판단인지가 달라집니다. 위에서는 어떻게 썼을까요?

까치가 앉아 있는 집

어떤 장사꾼이 어느 동네에 대나무 광주리를 팔러 왔습니다.

"자, 대광주리 사세요! 아주 튼튼한 광주리입니다!"

사람들이 몰려들었습니다.

"음, 정말 튼튼하게 잘 만들었군."

"글쎄 말이에요. 아주 솜씨가 좋군요."

사람들은 돈을 주고 너도나도 대광주리를 사 갔습니다.

그런데 몇몇 집에서는 이렇게 말했습니다.

"지금은 돈이 없군요. 다음에 이 동네에 또 오실 때 돈을 주기로 하고, 외상으로 사면 안 될까요?"

마음씨 좋은 장사꾼은 선선히 응낙했습니다.

"예예, 그러십시오. 어차피 다음 달에 또 올 테니까요."

그런데 문제가 생겼습니다. 외상으로 사 간 집이 너무 많은 데다 집들 생김새까지 비슷비슷하다 보니, 장사꾼이 그만 헷갈렸지 뭡니까.

"가만있자…… 이거 다음 달에 돈 받으러 올 때까지 기억할 수 있을까?"

그래서 장사꾼은 어떤 집에서 광주리를 사 갔는지 외상 장부를 적어 두기로 했습니다.

"저 뚱뚱한 아주머니네 집은……."

장사꾼은 그 집의 특징을 살펴보았습니다. 아무리 살펴봐도 다른 집들과 특별하게 다른 점이 눈에 띄지 않았습니다.

그때 장사꾼은 까치 한 마리가 그 집 지붕 위에 앉아 있는 것을 보았습니다.

"옳지! 지붕 위에 까치가 앉아 있는 집에서 큰 대광주리 두 개……."

장사꾼은 외상 장부에 이렇게 적었습니다.

"그리고 저 홀쭉한 아주머니네 집은……."

장사꾼은 그 집 담벼락에 누군가 오줌 눈 자국을 보았습니다.

"옳지! 담벼락에 오줌 자국이 있는 집에서 큰 광주리 한 개와 작은 광주리 한 개……."

장사꾼은 외상 장부에 또 이렇게 적었습니다.

"자, 그리고 저 예쁘장한 처녀네 집은……."

장사꾼은 그 집 대문 앞에서 여자 아이들이 고무줄놀이를 하고 있는 것을 보았습니다.

"옳지! 대문 앞에서 여자 아이들이 고무줄놀이를 하고 있는 집에서 작은 광주리 두 개……."

장사꾼은 이렇게 적어 놓고 나서 껄껄 웃었습니다.

"이제는 안심이야. 다음 달에 와서 외상값을 받아야지."

이렇게 중얼거리며 손을 탁탁 털고 집에 돌아갔습니다.

다음 달이 되었습니다.

장사꾼은 외상값을 받으러 이 동네에 와서는 깜짝 놀랐습니다. 지붕 위에 까치가 앉은 집도 없고, 담벼락에 오줌 자국이 있는 집도 없고, 대문 앞에서 여자 아이들이 고무줄놀이를 하고 있는 집도 없었기 때문입니다.

장사꾼은 갑자기 화를 발칵 내며 외쳤습니다.

"아니, 이럴 수가! 외상값 갚기 싫어서 집을 통째로 옮겨 버렸군그래! 어이, 고약한 사람들!"

도움말 상대적으로 옳은 판단과 절대적으로 옳은 판단

정말 사람들이 외상값을 갚기 싫어서 집을 통째로 몽땅 옮겨 버린 것일까요? 그렇지 않지요?

장사꾼이 외상 장부를 엉뚱하게 적어서 이런 일이 일어난 것입니다.

- 뚱뚱한 아주머니네 집은 지붕 위에 까치가 앉아 있다.
- 홀쭉한 아주머니네 집은 담벼락에 오줌 자국이 있다.
- 예쁘장한 처녀네 집은 대문 앞에서 여자 아이들이 고무줄놀이를 하고 있다.

장사꾼이 외상 장부를 적을 때에는 이 판단이 모두 옳은 판단이었을 것입니다.

그렇다면 한 달 뒤에도 이 판단이 옳을까요?

그렇지 않습니다. 까치가 날아가 버리고, 담벼락의 오줌 자국이 말라 버리고, 여자 아이들이 고무줄놀이를 하지 않으면, 이 판단은 틀린 판단이 되고 말지요.

다음 예를 생각해 봅시다.

"한국에서 가장 높은 건물은 63빌딩이다."

이 판단은 언제까지나 옳은 판단일까요? 그렇지 않겠지요? 63빌딩보다 더 높은 건물이 생기면, 이 판단은 틀린 판단이 되고 맙니다. 다만 지금까지는 옳은 판단이지요.

이렇게 '어떤 경우에만 옳은 판단'을 **상대적으로 옳은 판단**이라고 합니다.

하지만 이런 판단은 어떨까요?

"사람은 누구나 죽는다."

죽지 않고 영원히 살 수 있는 사람은 한 명도 없으니, 이것은 어떤 경우에도 옳은 판단입니다. 이렇게 '어떤 경우에도 옳은 판단'을 **절대적으로 옳은 판단**이라고 합니다.

만일 '어떤 경우에**만** 옳은 판단'을 '어떤 경우에**도** 옳은 판단'이라고 착각하면 어찌 될까요? 앞 이야기에 나온 장사꾼처럼 쫄딱 망하고 말겠지요?

자, 다음 판단에서 '어떤 경우에만 옳은 판단'과 '어떤 경우에도 옳은 판단'을 구분해 보세요. 어째서 그런지도 생각해 보세요.

- 나는 무척 배가 고프다.
- 시간은 간다.
- 착한 사람들이 고통을 받고 있다.
- 우리나라는 1945년 8월 15일에 일제에서 해방되었다.

들어간 발자국은 있지만, 나온 발자국은 없다

동물의 왕인 호랑이가 너무 늙어 더 이상 사냥을 할 수 없게 되었습니다.

"아이고, 이제는 조금만 뛰어도 숨이 차니 큰일이로구나. 그렇다고 가만히 앉아 굶을 수도 없는 노릇이고, 이걸 어쩐담."

호랑이는 오랫동안 궁리한 끝에 좋은 꾀를 하나 생각해 냈습니다.

"옳지! 그렇게 하면 되겠구나!"

호랑이는 숲 속 동물들한테 자기가 큰 배탈이 났으니 문병을 오라고 알렸습니다. 그리고 만일 문병을 오지 않으면, 배탈이 낫는 대로 곧바로 달려가서 잡아먹겠다고 으름장을 놓았지요.

숲 속 동물들은 그 말을 듣고 겁에 질려 회의를 했습니다.

"이거 참 큰일이로군. 호랑이한테 문병을 가자니 겁이 나고, 안 가자니 나중에 봉변을 당할 테니 말이야."

35

"이번 일로 공연히 트집을 잡히느니 잠깐 다녀옵시다."

"그래요. 설마 배탈 난 호랑이가 우리를 잡아먹기야 하겠어요?"

이렇게 해서 동물들은 서로 차례를 정해 호랑이가 사는 동굴에 문병을 가기로 했습니다.

사슴이 맨 먼저 호랑이 동굴로 들어갔습니다. 사슴은 억지로 웃으며 말했습니다.

"호호호! 호랑이님, 몸은 좀 어떠하신지요?"

"음, 사슴이로구나. 그래, 다 괜찮은데 말이다…… 배가 고픈 게 탈이지!"

호랑이는 재빨리 일어나 사슴을 덮쳐 잡아먹고 말았습니다.

호랑이는 껄껄껄 웃으며 말했습니다.

"하하하! 이렇게 편한 방법이 있는 줄도 모르고, 그동안 공연히 사냥을 다니느라 고생을 했구나."

다음 날에는 토끼가, 그다음 날에는 오소리가, 그다음 날에는 원숭이가 문병을 갔습니다.

호랑이는 동물들이 동굴로 들어올 때마다 하나씩 하나씩 잡아먹고 배를 채웠지요.

마침내 여우 차례가 되었습니다.

꾀 많은 여우는 동굴에 들어가지 않고 밖에서 말했습니다.

"호랑이님! 호랑이님! 저 여우예요!"

36

"음, 여우로구나. 그래, 어서 들어오너라."

"배탈은 많이 나으셨는지요?"

"아니, 아직도 많이 아프구나. 그런데 왜 밖에 있느냐? 문병을 왔으면 어서 안으로 들어와야지."

호랑이가 다그쳤지만, 여우는 여전히 들어갈 생각을 하지 않았습니다.

"그런데 식사는 좀 하셨는지요?"

"아이고, 배가 아픈데 식사는 무슨 식사……. 어서 들어오라니까!"

"들어가는 것은 좋은데 말씀입니다……."

여우는 동굴 앞을 두리번두리번 살피며 말을 이었습니다.

"동물들이 동굴 안으로 들어간 발자국은 있는데, 밖으로 나온 발자국은 없네요. 아마 동굴 안에 들어가면 제 발자국도 그렇게 되겠죠?"

"뭐야? 이놈, 네가 누구를 놀리느냐? 썩 들어오지 않으면 당장 뛰어나가 네놈을 잡아먹겠다!"

여우는 그 말을 듣고 코웃음을 쳤습니다.

"헹! 늙은 호랑이가 배까지 고프니 뛰어나올 힘이나 있을까? 앞으로 남을 속이려면 발자국 모양이나 잘 만들어 놓고 속이라구! 그 안에서 실컷 배를 곯아 보라지. 누가 속을 줄 알구."

여우는 그길로 숲 속으로 달려가 다른 동물들한테 호랑이 문병을 가지 말라고 알렸답니다.

도움말) 추리

여우는 '호랑이가 굴 속에 들어간 동물들을 모두 잡아먹었다.'는 사실을 어떻게 알았나요? 동굴 앞에 있는 동물들 발자국을 보고 알았지요?

알고 있는 판단 : 호랑이 굴 앞에 있는 발자국은 모두 들어간
발자국뿐이고 나온 발자국은 없다.
새로운 판단 : 그러므로 동물들은 모두 호랑이한테 잡아먹혔다.

여우는 바로 이렇게 판단한 것이지요.

이처럼 우리는 이미 알고 있는 판단을 가지고 새로운 판단을 할 수 있답니다. 이것을 **추리**라고 하지요.

탐정이 자동차 바퀴에 묻은 진흙을 보고 중얼거립니다.

"음, 범인은 비 오는 날에 범행을 저지른 게 틀림없어!"

이것도 추리입니다.

"자동차 바퀴에 진흙이 묻어 있다."는 판단을 가지고, "범인은 비 오는 날 범행을 저질렀다."는 새로운 판단을 한 것이지요.

추리를 할 때 '이미 알고 있는 판단'을 **전제**라 하고, '새로운 판단'을 **결론**이라고 합니다.

"호랑이 굴 앞에 있는 발자국은 모두 들어간 발자국이다."는 전제이고, "호랑이가 동물들을 잡아먹은 것이다."는 결론입니다.

또 "자동차 바퀴에 진흙이 묻어 있다."는 전제이고, "범인은 비 오는 날 범행을 저질렀다."는 결론이지요.

추리는 이렇게 전제를 가지고 결론을 내리는 것이랍니다.

자, 다음 추리들을 보고 어느 것이 전제이고, 어느 것이 결론 인지 알아맞혀 보세요.

① 거울은 "백설 공주가 세상에서 가장 예쁘다."고 말했다. 그 러므로 나는 세상에서 가장 예쁜 사람이 아니다.

② 저 녀석은 벌써 여러 차례 "늑대가 나타났다."고 거짓말을 했지. 그러므로 이번에도 거짓말이 틀림없어.

③ 백설 공주가 죽었는데도 거울은 "백설 공주가 세상에서 가 장 예쁘다."고 말했다. 그러므로 백설 공주는 죽지 않은 게 틀림없다.

제비 한 마리를 보고 외투를 팔다

어느 마을에 놀기 좋아하는 젊은이가 살았습니다.

그 젊은이는 부모한테서 많은 재산을 물려받았지만, 술 마시고 노름하고 흥청망청 쓰다 보니 어느새 다 까먹고 말았지요. 그래서 그해 겨울이 올 무렵에는 겨우 외투 하나만 남게 되었습니다.

젊은이는 외투 깃을 꼭 여미고 추위에 덜덜 떨며 겨울을 나야 했습니다.

"에구, 추워라. 빨리 봄이 와야 할 텐데……."

그 많던 재산을 다 까먹은 젊은이는 오직 따뜻한 봄이 오기만을 기다렸습니다.

그러던 어느 날입니다.

젊은이는 날아다니는 제비 한 마리를 보았습니다.

"어! 저건 제비잖아? 벌써 봄이네!"

젊은이는 뛸 듯이 기뻤습니다.

"가만있자, 봄이 오면 날씨가 따뜻하니, 이따위 두꺼운 겨울 외투는 더 이상 필요 없잖아. 잘됐어. 이걸 팔아서 오랜만에 술이나 한잔 마셔야지."

젊은이는 이렇게 생각하고 옷 가게로 달려가 외투를 팔아 버렸습니다. 그리고 외투를 판 돈으로 실컷 술을 마셨지요.

그런데 그 뒤, 날씨는 더욱 추워졌습니다.

"아이고, 추워. 대체 이게 어찌 된 일이야? 제비가 왔는데, 봄이 안 오고 더 추워지다니, 참 이상한 일이로군."

어느 날, 젊은이는 외투도 없이 오들오들 떨며 길을 걷다가 얼어 죽은 제비 한 마리를 보았습니다. 젊은이는 죽은 제비를 보고 중얼거렸습니다.

"이 한심한 제비야! 너는 철도 모르고 날아와서 너도 얼어 죽고, 나도 얼어 죽게 만들었구나!"

젊은이는 성급하게 외투를 팔아 버린 걸 뼈저리게 후회했습니다.

도움말 **전제가 옳아야 한다**

젊은이가 한 추리는 다음과 같습니다.

전제 ① 제비가 오면 봄이 된다.
　　② 제비가 왔다.
────────────────
결론 ③ 그러므로 봄이 되었다.

이것은 맞는 추리인가요? 그렇지 않지요? 그렇다면 왜 틀렸을까요?

그래요. 전제가 틀렸기 때문에 결론도 틀린 것입니다.

봄이 되면 제비가 오는 것은 틀림없습니다. 하지만 제비가 왔다고 해서 봄이 온 걸까요? 그렇지 않겠지요. 그러니 젊은이는 엉뚱한 착각에 빠져 마지막 남은 외투를 팔아 버린 것이지요.

이렇게 전제가 틀리면 결론도 틀리게 됩니다. 그러니 어떤 추리를 할 때에는 전제가 바른지 틀린지 따져 봐야 한답니다.

알아맞혀 보세요!

다음 추리를 보고, 맞는 추리인지 틀린 추리인지 알아맞혀 보세요. 그리고 어째서 틀렸는지도 생각해 보세요.

"보슬이는 착한 아이야. 왜냐 하면 얼굴이 예쁘거든. 나는 얼굴이 예쁜 사람 가운데 나쁜 사람은 한 번도 본 적이 없어!"

전제 ① 얼굴이 예쁜 사람은 모두 착하다.
     ② 보슬이는 얼굴이 예쁘다.

_____

결론 ③ 그러므로 보슬이는 착하다.

"오직 공장에 다니는 사람만이 노동자야. 선생님들은 공장에 다니지 않잖아? 그러니 선생님들은 노동자가 아니야!"

전제 ① 오직 공장에 다니는 사람들만이 노동자이다.

② 선생님들은 공장에 다니지 않는다.

결론 ③ 그러므로 선생님들은 노동자가 아니다.

그림자를 보고 착각한 이리

이리 한 마리가 살았습니다.

이리는 작은 동물들한테는 강했지만, 곰이나 사자처럼 큰 동물들한테는 늘 쫓겨 다니는 신세였지요.

"나는 왜 이리 약할까?"

이리는 늘 그것이 불만이었습니다.

해가 저물 무렵이었습니다. 이리는 들판을 걸어가다가 문득 자기 그림자를 보았지요. 그 그림자는 꼭 느릅나무처럼 엄청나게 길었습니다.

이리는 고개를 갸웃했습니다.

"어? 저건 내 그림자인데, 엄청나게 크군. 내가 이렇게 큰 동물인 줄 미처 몰랐는걸."

이리는 자기 그림자를 들여다보며 곰곰이 생각했습니다.

"낮에는 내 그림자가 작았는데, 저녁이 되니까 그림자가 커지는군. 그렇다면⋯⋯?"

여기까지는 좋았습니다. 그러나 이리는 곧 엉뚱한 착각에 빠졌습니다.

"옳지! 그러니까 하느님은 나를 낮에는 작아지고 저녁만 되면 커지는 동물로 만들어 놓은 모양이야."

이리는 대단한 발견이라도 한 것처럼 기뻤습니다. 이리는 커다란 그림자를 보며 으스댔습니다.

"그렇다면⋯⋯ 저녁에 사자 녀석과 싸운다면 거뜬히 이길 수 있을 거야. 이 괘씸한 사자 녀석, 어디 혼 좀 나 봐라!"

이리는 이렇게 생각하고 사자가 있는 곳으로 달려갔습니다. 그리고 이빨을 드러내며 으르렁거렸습니다.

47

"어흥, 이놈 사자야! 무섭지?"

사자는 어이가 없었습니다. 그래서 곧바로 달려들어 이리를 때려눕히고 말았지요.

이리는 사자 발톱 밑에 깔린 채 구슬피 울었습니다.

"아이쿠, 내가 너무 성급하게 생각했구나. 그림자가 크다고 나까지 커지는 건 아니었는데……."

도움말 **전제에 맞는 결론을 내려야 한다**

이리가 한 추리는 다음과 같습니다.

전제 ① 저 그림자는 낮에는 작아지고 저녁에는 커진다.
　　② 저 그림자는 내 그림자이다.
────────────────
결론 ③ 그러므로 나는 낮에는 작아지고 저녁에는 커진다.

여기서 "저 그림자는 낮에는 작아지고 저녁에는 커진다."도 옳고, "저 그림자는 내 그림자이다."도 옳지요?

그런데 이리의 추리는 어디서 잘못된 것일까요?

전제는 옳지만, 결론을 전제와 맞지 않게 엉뚱하게 내렸기 때문입니다.

하루 중에 그림자가 작아졌다 커졌다 하는 것과 몸뚱이가 작아졌다 커졌다 하는 것은 아무 상관도 없잖아요? 그런데 이리는 그게 상관이 있다고 착각한 것이지요.

추리를 할 때에는 전제에 맞게끔 결론을 내려야 합니다. 그렇지 않으면 이리처럼 엉뚱한 착각에 빠져 잘못된 추리를 하게 됩니다.

알아맞혀 보세요!

자, 다음 추리들은 전제에 맞게끔 결론을 내린 것인지 살펴봅시다.

"우리 아버지는 대령이고, 너희 아버지는 상사잖니? 너희 아버지는 우리 아버지 부하야. 그러니까 너도 내 부하야. 알아듣겠어?"

전제 ① 우리 아버지는 대령이고, 너희 아버지는 상사이다.

　　② 너희 아버지는 우리 아버지 부하이다.

─────────────────────────────

결론 ③ 그러므로 너는 내 부하이다.

"네가 공부방이 없니, 과외 공부를 안 하니, 참고서가 없니, 용돈을 적게 받니? 그런데도 그렇게 공부를 못하니 정말 한심하구나!"

전제 ① 너는 공부방이 있다.

　　② 너는 과외 공부를 한다.

　　③ 너는 참고서가 많다.

　　④ 너는 용돈을 많이 받는다.

─────────────────────────────

결론 ⑤ 그러므로 너는 공부를 잘해야 한다.

······할 게 뻔해!

어떤 젊은이가 여행을 하려고 열차를 탔습니다.

그런데 바로 앞자리에 군복을 입은 장교가 앉아 있었습니다.

얼마 뒤, 젊은이는 무심코 호주머니에서 담배를 꺼내 입에 물었습니다.

그것을 보자, 앞자리에 앉아 있던 장교가 성난 얼굴로 젊은이한테서 담배를 확 가로챘습니다. 그러고는 창문 밖으로 담배를 집어 던져 버렸습니다.

젊은이는 화가 나서 따졌습니다.

"왜 이러시는 겁니까?"

"여기는 금연석이야. 담배를 피우면 안 돼!"

"나는 담배를 피우지 않았어요."

"하지만 담배를 입에 물었으니, 너는 담배를 피울 게 뻔해!"

"내가 피울지 안 피울지 당신이 어떻게 알아요?"

51

"네 얼굴에 쓰여 있잖아."

젊은이는 화가 났지만, 꾹 참았습니다.

얼마쯤 가다가 장교가 주머니에서 신문을 꺼내 펼쳐 들었습니다.

그것을 본 젊은이는 성난 얼굴로 장교 손에서 신문을 확 가로챘습니다. 그러고는 창문 밖으로 신문을 던져 버렸습니다.

장교는 화가 나서 젊은이를 노려보았습니다.

"아니, 이게 무슨 짓이야?"

"여기는 화장실이 아닙니다. 똥을 누면 안 돼요!"

"무슨 소리야? 내가 똥을 누었단 말인가?"

"하지만 화장실에서처럼 신문을 펼쳐 들었으니, 당신은 똥을 눌 게 뻔해요!"

"그게 무슨 억지야? 신문을 펼쳐 든다고 다 똥을 누나?"

젊은이는 재빨리 대답했습니다.

"맞는 말입니다. 담배를 입에 물었다고 모두 담배를 피우는 건 아니지요."

그 말에 장교는 아무 말도 못하고 얼굴만 새빨개졌습니다.

도움말 추리를 할 때 조심할 점 ①
성급하게 넘겨짚지 말 것

어떤 추리를 할 때에는 '……할 게 뻔해' 하며 성급하게 넘겨 짚으면 안 됩니다.

그러면 앞 이야기에 나오는 장교처럼 억지를 부리게 되지요.

사람들은 담배를 피우기 전에 담배를 입에 뭅니다. 하지만 담배를 입에 물었다고 해서 모두 담배를 피우는 건 아니지요.

그것은 마치 화장실에서 용변을 보며 신문을 읽는 사람들도 많지만, 신문을 읽고 있다고 해서 모두 용변을 본다고 할 수 없는 것과 마찬가지랍니다.

젊은이는 바로 그 점을 재치 있게 지적한 것입니다.

다음은 모두 성급하게 넘겨짚은 그릇된 추리들입니다. 어떤 점에서 그런지 곰곰이 생각해 보세요.

- 엄마는 형한테만 새 장화를 사 주고, 나한테는 아무것도 사 주지 않았어. 엄마는 나를 미워하는 게 틀림없어!

- 뭐? 흥부가 제비 다리를 고쳐 주고, 보물이 나오는 박씨를 얻었다구? 옳지, 그럼 나도 제비 다리를 고쳐 주면, 보물이 나오는 박씨를 얻을 수 있겠군.

- 내가 반장 선거에 나간다면, 아이들이 나를 비웃을 게 뻔해. 어쩌면 선생님도 속으로 나를 비웃을 거야. 그러면 얼마나 창피할까! 그러니 그냥 가만히 있는 게 좋겠어.

서울에서 삼 년 뒹굴기

옛날, 어느 시골 마을에 어리석은 선비가 살고 있었습니다.

신분은 양반인데 생각이 모자라다 보니 나이가 들어도 늘 사람들한테 업신여김을 당했습니다.

선비는 스스로 생각해도 자기 꼴이 한심해 보였습니다. 어릴 적 함께 서당을 다니던 친구들은 과거에 급제하거나 벼슬을 얻어 뻐기고 다니는데, 자기는 작은 시골 마을에서조차 업신여김을 당하며 살고 있으니 말입니다.

"이거 안 되겠군. 무슨 일이 있어도 벼슬 한자리 해야겠어. 그런데 과거에 붙을 자신이 없으니, 무슨 좋은 수가 없을까?"

선비는 늘 이렇게 궁리를 했습니다.

그러던 어느 날, 선비는 어릴 적 친구 하나가 서울에서 꽤 높은 벼슬자리에 올랐다는 소식을 들었습니다.

"어? 그 녀석은 나만큼이나 공부를 못하던 녀석인데, 어떻게 그런 벼슬자리에 올랐지?"

선비는 고개를 갸웃거렸습니다.

사실 그 친구는 서울 생활을 하며 높은 사람들한테 뇌물을 바쳐 벼슬을 하게 된 것이었지요.

선비는 그것도 모르고 그 친구를 찾아가 벼슬자리에 오르는 비결을 알아내리라 결심을 했답니다.

어느 날, 선비는 짐 보따리를 메고 서울로 올라갔습니다. 그리고 곧바로 친구네 집으로 찾아갔지요.

"여보게, 자네는 서당에 다닐 때 공부를 못해서 나랑 같이 훈장님한테 늘 종아리를 얻어맞곤 하지 않았나? 그런데 어떻게 높은 벼슬자리에 앉을 수 있었나? 제발 좀 가르쳐 주게."

친구는 그 말을 듣고 껄껄 웃으며 이렇게 말했습니다.

"벼슬? 그거 별거 아니야. 서울에서 한 삼 년만 뒹굴어 보게. 그러면 자네도 뭔가 벼슬길이 보일 거야."

선비는 무릎을 탁 쳤습니다.

"옳지, 바로 그거였군! 알겠네, 나도 그렇게 해 보겠네. 고맙네 그려."

선비는 친구 말을 더 듣지도 않고 거리로 나왔습니다. 그러고는 길 한복판에 누워 데굴데굴 뒹굴기 시작했습니다.

"삼 년만 뒹굴면 벼슬이 생긴다구? 벼슬만 생긴다면야, 내가 그까짓 일 못할까 보냐!"

56

데굴데굴 떽데굴……

선비는 계속 굴러다녔습니다.

"아이고, 생각보다 힘들구나. 하지만 벼슬이 생긴다는데 이것쯤이야……."

데굴데굴 떽데굴……

사람들은 이 꼴을 보고 혀를 끌끌 찼습니다.

"원, 멀쩡하게 생긴 젊은이가 미쳤구먼!"

"글쎄 말이야. 서울에는 별 희한한 사람들이 다 있다니까."

그러나 선비는 멈추지 않고 계속 뒹굴었습니다.

데굴데굴 떽데굴……

"벼슬길아, 열려라!"

데굴데굴 떽데굴…….

"삼 년만 뒹굴면 된다!"

데굴데굴 떽데굴…….

"나도 벼슬 한번 해 보자!"

데굴데굴 떽데굴…….

도움말 **추리를 할 때 조심할 점 ②**

언어를 정확하게 쓸 것

"서울에서 삼 년만 뒹굴면 벼슬길이 보인다."

여기서 친구가 말한 '뒹굴다'는 누워서 몸을 이리저리 구르는 것을 뜻하는 말이 아니지요?

서울에 살면서 이것저것 경험하고 터득하라는 뜻이지요.

어리석은 선비는 '뒹굴다'의 뜻을 착각하고, 길 한복판에 누워 데굴데굴 떽데굴 뒹굴면 벼슬자리가 생길 거라고 여겼던 것이지요.

우리가 쓰는 언어 가운데에는 이렇게 서로 비슷하여 혼동할 수 있는 언어들이 많습니다. 또 정확하지 않은 뜻 때문에 혼동을 주는 경우도 많습니다.

그래서 추리를 할 때에는 언어를 정확하게 써야 합니다. 그렇지 않으면 선비처럼 아주 엉뚱한 착각을 하게 되겠지요.

알아맞혀 보세요!

다음 추리는 언어를 잘못 쓴 예들입니다. 어떤 언어를 잘못 썼는지 알아맞혀 보세요.

- 보람아, 이 주스 병을 손에 들고 있어 봐. 이제 너는 병 들었지? 병들었으니까, 너는 병원에 가야 해.

- 어린이는 나라의 보배이다. 보배는 금은방에다 팔아먹을 수 있다. 그러므로 어린이도 금은방에다 팔아먹을 수 있다.

- 목사님은 기도할 때마다 '하느님 아버지'라고 한다. 아버지는 남자이다. 그러므로 하느님은 남자이다.

- 이 상점에는 뭐든지 다 있다구요? 그러면 없는 것이 없겠군요. '없는 것'이 없으니까, 뭐든지 다 있다는 말은 거짓말이에요.

조심성 많은 나그네

어떤 조심성 많은 나그네가 길을 가다가 나무로 만든 다리 앞에 다다랐습니다.

나무다리는 어쩐지 허술해 보였습니다.

나그네는 다리를 건너다가 갑자기 무너지기라도 하면 어쩌나 걱정이 되었습니다. 그래서 한참 동안 다리 앞에 서 있었지요.

얼마 뒤, 어떤 여자가 와서 사뿐사뿐 다리를 건너갔습니다.

나그네는 생각했습니다.

'음, 다리가 무너질 정도로 약한 것은 아니군.'

그러나 나그네는 여전히 안심할 수 없었습니다. 그 여자는 자기보다 가벼워 보였으니까요.

얼마 뒤, 뚱뚱한 사내가 와서 성큼성큼 다리를 건너갔습니다.

'음, 저렇게 뚱뚱한 사내가 건너도 될 만큼 튼튼하군.'

그러나 나그네는 여전히 안심할 수 없었습니다. 그 사내는 뚱뚱하지만 자기보다 짐을 적게 지니고 있었으니까요.

얼마 뒤, 노인이 나귀에 짐을 잔뜩 싣고 와서는 비틀비틀 다리를 건너갔습니다.

그 모습을 보자, 나그네는 안심을 했습니다.

'음, 이 다리는 겉보기보다 아주 튼튼하군. 그렇다면 내가 건너가도 무너지지 않겠군.'

나그네는 이렇게 생각하고 조심조심 발을 내디뎠습니다. 조금 삐거덕거리기는 했지만, 나그네는 무사히 다리를 건너갈 수 있었답니다.

연역 추리와 귀납 추리

나그네는 다음과 같은 두 가지 추리를 했습니다.

① 이 다리는 어떤 사람이 건너가도 무너지지 않는다.
② 이 다리는 내가 건너가도 무너지지 않는다.

이 두 추리는 추리하는 방법에서 조금 차이가 있습니다. 어떤 차이가 있을까요?

첫 번째 추리는 다음과 같은 방법을 쓴 것입니다.

전제 ① 이 다리는 여자가 건너가도 무너지지 않는다.
　　② 이 다리는 뚱뚱한 사내가 건너가도 무너지지 않는다.
　　③ 이 다리는 노인과 짐 실은 나귀가 건너가도 무너지지 않는다.

결론 ④ 그러므로 이 다리는 어떤 사람이 건너가도 무너지지 않는다.

이것은 "여자가 건너가도 무너지지 않는다.", "뚱뚱한 사내가 건너가도 무너지지 않는다." 식의 개별 판단을 가지고, "누가 건너가도 무너지지 않는다." 식으로 보편 판단을 한 것입니다.

(개별 판단과 보편 판단은 앞에서 배웠지요?)

또 두 번째 추리는 다음과 같은 방법을 쓴 것입니다.

전제 ① 이 다리는 어떤 사람이 건너가도 무너지지 않는다.

결론 ② 그러므로 이 다리는 내가 건너가도 무너지지 않는다.

이것은 앞 추리와는 정반대로, "이 다리는 어떤 사람이 건너가도 무너지지 않는다."는 보편 판단을 가지고, "내가 건너가도 무너지지 않는다."는 개별 판단을 한 것입니다.

첫 번째 추리와 같은 방법을 **귀납 추리**라 하고, 두 번째 추리와 같은 방법을 **연역 추리**라고 합니다.

조금 어려우니, 한 가지 예를 더 들어 볼까요?

나비는 다리가 여섯 개이다.
꿀벌은 다리가 여섯 개이다.
개미는 다리가 여섯 개이다.
……
(그런데 나비, 꿀벌, 개미 등등은 모두 곤충이다.)

⇨ 그러므로 모든 곤충은 다리가 여섯 개이다.

이렇게 우리는 나비, 꿀벌, 개미…… 등등 '어떤 특별한 곤충들이 어떠하다.'는 판단을 가지고, '곤충 전체가 어떠하다.'고 추리할 수 있습니다.

바로 이런 추리를 '귀납 추리'라고 합니다.

또 다음 예를 봅시다.

모든 곤충은 다리가 여섯 개이다.

나비는 곤충이다.

_____

⇨ 그러므로 나비는 다리가 여섯 개이다.

우리는 이렇게 '곤충 전체가 어떠하다.'는 판단을 가지고, '어떤 특별한 곤충이 어떠하다.'고 추리할 수도 있습니다.

바로 이런 추리를 '연역 추리'라고 하는 것이지요.

자, 다음 이야기부터는 연역 추리와 귀납 추리에 대해 더 자세히 살펴봅시다.

연역 추리란
어떤 것일까요?

선교사의 실수

어느 백인 선교사가 아프리카 토인들 마을에 갔습니다.

선교사는 그곳에 교회를 짓고, 토인들을 불러 모아 설교를 했습니다.

순진한 토인들은 모두 열심히 선교사의 설교를 들었습니다. 선교사가 천국에 대해 설교를 할 때에는 감동하여 눈물을 흘리기도 하고, 지옥에 대해 설교할 때에는 겁에 질려 울상이 되기도 했습니다.

그러나 토인들 생활은 조금도 바뀌지 않았습니다.

선교사가 보기에 토인들이 사는 꼴은 하나에서 열까지 모두 마음에 들지 않았습니다. 그래서 선교사는 잔소리를 입에 달고 다니다시피 했지요.

"얼굴에 이상한 칠을 하고 다니면, 야만인이라고 놀림을 받게 돼요!"

"나무에 절을 하는 것은 우상숭배입니다!"

"그렇게 괴상한 노래는 부르지 말아요!"

"아무 곳에서나 소변을 보면 어떻게 합니까?"

하지만 토인들은 이런 습관들을 쉽게 바꾸려 하지 않았습니다. 그래서 선교사는 토인들한테 좀 더 겁을 주어야겠다고 마음먹었지요.

어느 날, 선교사는 친구한테 편지를 써서 아주 무시무시하게 그린 지옥 그림을 한 장 보내 달라고 했습니다.

얼마 뒤, 친구는 정말 섬뜩한 지옥 그림을 보냈습니다. 선교사는 그 그림을 교회 강당에 떡 붙여 놓고 말했습니다.

"죄를 지으면 이렇게 무시무시한 지옥에 가게 됩니다!"

토인들은 눈을 동그랗게 뜨고 그림을 바라보았습니다. 그러고는 모두 겁에 질려 웅성거렸습니다.

"정말 이런 지옥이 있나요?"

"이 사람들은 모두 죄를 지어서 지옥에 간 건가요?"

선교사는 빙그레 웃으며 말했습니다.

"그렇습니다. 죄인들은 모두 이런 지옥에 가는 것이지요."

"이건 정말 틀림없는 지옥 그림이지요?"

"그렇다니까요!"

선교사는 지옥 그림이 토인들한테 큰 충격을 주었다고 여기고, 속으로 흐뭇하게 생각했습니다.

'저 사람들은 이제 저 그림을 볼 때마다 겁을 먹고 내 말을 잘 따를 거야.'

선교사는 이렇게 생각했지요.

그런데 이상한 일이었습니다. 지옥 그림을 보여 준 다음부터 토인들은 설교를 듣는 둥 마는 둥 하고, 심지어는 교회에도 잘 나오지 않았습니다.

선교사는 이상해서 토인 한 사람을 붙잡고 물어보았습니다.

"당신들은 요즘 어째서 교회에 잘 안 나오는 거요?"

그러자 토인이 말했습니다.

"그건 저기 걸려 있는 지옥 그림 때문이지요."

선교사는 고개를 갸웃거렸습니다.

"지옥 그림 때문이라구? 지옥 가는 게 무서우면 교회에 더욱 잘 나와야 하지 않소?"

토인은 껄껄 웃으며 말했습니다.

"저 그림을 자세히 보세요. 지옥에 있는 사람들은 모두 백인 뿐이잖아요? 흑인은 단 한 사람도 없어요. 그러니 하느님은 우리 흑인들이 지옥에 갈 만큼 나쁜 죄를 짓지 않았다고 생각하시는 게 틀림없습니다. 그래서 우리는 안심하고 여태껏 우리가 해 온 대로 사는 겁니다. 그러니 선교사님도 죄 없는 우리 흑인들한테 이래라저래라 잔소리하지 말고, 백인들한테나 가서 죄 짓지 말라고 설교하는 편이 옳을 겁니다."

그 말을 듣자, 선교사는 어이가 없어 입을 쩍 벌릴 수밖에 없었지요.

도움말 **연역 추리**

선교사는 지옥 그림을 보여 주며 "이것은 틀림없는 지옥 그림이다."고 했습니다. 그리고 토인들은 선교사 말이 옳은지 몇 번씩이나 확인하고 나서야 다음과 같이 추리했습니다.

전제 ① 지옥에 있는 사람들은 모두 백인이다.

　　 ② 흑인은 백인이 아니다.

___

결론 ③ 그러므로 흑인은 지옥에 가지 않는다.

연역 추리는 이렇게 전제 판단이 옳다고 단정한 다음에 결론을 내립니다. 그래서 연역 추리에서는 전제 판단이 옳으면, 결론 판단은 무조건 옳습니다.

앞의 토인들의 추리에서도 만일 "지옥에 있는 사람들은 모두 백인이다."가 옳은 판단이라면, "흑인은 지옥에 가지 않는다." 는 무조건 옳은 판단이 됩니다.

그런데 만일 흑인이 단 한 명이라도 지옥에 있었다면 어떻게 될까요? 그러면 '전제 판단이 틀렸다.'고 추리합니다.

그건 다음과 같이 합니다.

지옥에 있는 사람들은 모두 백인이다.

그런데 지옥에 있는 어떤 사람은 흑인이다.

___

⇨ 그러므로 "지옥에 있는 사람들은 모두 백인이다."라는
　 판단은 틀렸다.

그러나 귀납 추리에서는 전제 판단이 옳아도 결론 판단이 무

조건 옳다고 할 수는 없습니다.

'서른네 번째 이야기'에 나온 귀납 추리를 생각해 봅시다.

여자, 뚱뚱한 사내, 짐 실은 나귀를 끌고 가는 노인이 건너가도 다리가 무너지지 않는다고 해서, '이 다리는 어떤 사람이 건너가도 무너지지 않는다.'는 판단이 옳다고 할 수 있을까요?

그렇지 않습니다. 이것은 다만 '다리가 무너질 가능성이 적다.'는 사실만 나타낼 뿐이지요.

이처럼 연역 추리는 딱 들어맞는 추리이지만, 귀납 추리는 좀 느슨한 추리라고 할 수 있습니다.

자, 다음에는 연역 추리에 대해 좀 더 차근차근 살펴봅시다.

잃어버린 돈보따리와 주운 돈보따리

어떤 농부가 엽전 두 냥을 들고 장에 가고 있었습니다.

농부는 얼마쯤 가다가 길에 떨어진 보따리 하나를 발견했습니다. 그 속에는 엽전 스무 냥이 들어 있었습니다.

농부는 몹시 가난했지만 착한 사람이어서 돈보따리 임자를 찾아 돌려주어야겠다고 생각했습니다.

"가만있자, 이 보따리 임자를 찾으려면 어차피 장에 가야겠어. 그렇다면 내 돈도 아예 보따리 속에 함께 넣고 가면 편하겠군그래."

농부는 가지고 있던 두 냥을 보따리 속에 함께 넣었습니다. 그리고 다시 지게를 짊어지고 장터로 걸어갔습니다.

얼마쯤 가다 보니, 웬 사내가 얼굴이 하얗게 질린 채 뛰어오고 있었습니다.

사내는 농부를 보더니 물었습니다.

"여보시오, 이 부근에서 혹시 돈보따리 못 보았소? 나는 소 장수인데 그만 소 살 돈을 잃어버렸소."

"그 보따리가 어떻게 생겼는데요?"

"하얀색 헝겊 보따리지요."

"그 안에 돈이 얼마나 들었습니까?"

"스무 냥이 들었지요. 소를 사려고 장에 가다가 그만……."

농부는 그 소 장수가 돈보따리 임자임에 틀림없다고 생각했습니다. 그래서 지게 위에서 보따리를 꺼내 소 장수에게 보여 주었지요.

"이게 당신이 잃어버린 돈보따리가 틀림없는 것 같군요."

"예, 맞습니다. 어휴, 하마터면 큰일 날 뻔했네!"

소 장수는 잃어버린 돈보따리를 찾자, 얼굴이 금세 환해졌습니다.

"앞으로는 꼭꼭 잘 챙겨 들고 다니시오."

농부는 돈보따리에서 제 돈 두 냥을 꺼낸 뒤, 돈보따리를 소 장수에게 돌려주었습니다.

"자, 그럼 나는 이만 가 봐야겠소."

농부는 이렇게 말하고 가던 길을 계속 가려 했습니다. 그런데 갑자기 뒤에서 소 장수가 농부를 불렀습니다.

"여보시오!"

"왜 그러시오?"

74

소 장수는 돈보따리에 든 돈을 한 푼 두 푼 세어 보더니 말했습니다.

"그 두 냥은 왜 당신이 갖고 가는 거요?"

"아, 이건 내 돈입니다. 따로 들고 가기가 귀찮아 그 보따리 속에 함께 넣어 두었던 거요."

소 장수는 금세 말을 바꾸었습니다.

"사실 이 보따리 속에는 스물두 냥이 들어 있었소. 깜박 잊고 스무 냥이라고 말한 거요."

농부는 고개를 갸웃거렸습니다.

"보따리를 주웠을 때에는 분명히 스무 냥밖에는 안 들어 있었습니다. 잘 생각해 보세요. 두 냥을 어디 다른 곳에서 쓴 모양이군요."

그러나 소 장수는 억지를 부렸습니다.

"내가 깜박 잊고 스무 냥이라고 말하니까 갑자기 두 냥을 챙길 욕심이 나신 모양인데, 그러지 말고 어서 돌려주시오."

농부는 어이가 없었습니다. 기껏 돈보따리를 찾아 주니까, 도둑 누명을 씌우려 드는 꼴이니 말입니다.

"만일 내가 진짜 돈 욕심이 났다면, 스무 냥도 그냥 모른 체하고 돌려주지 않았을 거요. 그런데 내가 겨우 두 냥을 챙기려고 억지를 부리고 있단 말이오?"

"그럼 내가 없었던 돈을 있었다고 우기는 거란 말이오? 이 사람 아주 못쓰겠구먼!"

농부와 소 장수는 이렇게 한참 동안 옥신각신하다가, 마침내 고을 사또 앞에 가서 돈 임자를 가름해 달라고 했습니다.

사또는 농부와 소 장수의 말을 듣고, 소 장수가 억지를 쓰고 있다는 것을 금세 알아차렸습니다. 그러나 사또는 아무 내색도 않고 소 장수에게 물었습니다.

"그러니까 네가 잃어버린 돈보따리 속에는 분명히 스물두 냥이 들어 있었단 말이지?"

"예, 그렇습니다. 감히 뉘 앞이라고 제가 거짓말을 하겠습니까?"

소 장수는 여전히 딱 잡아뗐습니다. 사또는 다시 농부에게 물었습니다.

"그러니까 네가 주운 돈보따리 속에는 분명히 스무 냥밖에 안 들어 있었단 말이지?"

"예, 그렇습니다."

사또는 고개를 끄덕이며 소 장수에게 말했습니다.

"그렇다면 문제는 간단하구나. 네가 잃어버린 보따리는 스물두 냥이 든 돈보따리이고, 저 농부가 주운 보따리는 스무 냥이 든 돈보따리이니, 저 농부가 주운 것은 네 것이 아닌 모양이다. 그러니 저 스무 냥이 든 보따리는 임자가 나타날 때까지 농부가 맡아 두도록 하고, 너는 네가 잃어버렸다는 스물두 냥이 든 돈보따

리를 찾도록 해라.”

소 장수는 깜짝 놀랐습니다.

“아니, 저 보따리는 틀림없는 제 보따리입니다요!”

사또는 소 장수에게 호통을 쳤습니다.

“이놈! 네가 잃어버린 보따리는 스물두 냥이 든 보따리라고 하지 않았느냐!”

“저, 사실은 그게 아니오라…….”

소 장수는 그제야 자기가 농부의 돈을 보고 욕심이 생겨 거짓말을 했노라고 실토했습니다.

“네 이놈, 돈보따리를 주워 돌려준 사람한테 보답은 못할망정

도리어 돈을 빼앗으려 들다니! 바로 너 같은 놈들 때문에 세상 인심이 갈수록 고약해지는 것이니라. 여봐라, 이놈을 형틀에 묶고 단단히 혼을 내서 쫓아내거라!"

　이 재판을 지켜보던 사람들은 사또의 지혜로운 판결에 모두 감탄을 했답니다.

도움말 **직접 추리**

사또는 다음과 같이 아주 간단하게 추리했습니다.

전제 ① 소 장수의 보따리는 스물두 냥이 들어 있는 보따리이다.
────────────────
결론 ② 그러므로 스물두 냥이 들어 있지 않은 보따리는 소 장수의 보따리가 아니다.

　연역 추리에서는 전제 판단이 옳다고 단정한 다음에 추리한다고 했지요?

사또는 "소 장수 보따리는 스물두 냥이 들어 있는 보따리이다."가 옳다고 단정한 다음, "스물두 냥이 들어 있지 않은 보따리는 소 장수 보따리가 아니다."라고 판단했습니다.

이것도 연역 추리 방법입니다.

자, 여기서 사또가 추리한 방법을 자세히 살펴보세요.

전제 판단과 결론 판단에서 '소 장수 보따리', '스물두 냥이 들어 있는 보따리'라는 말은 똑같고, 단지 '이다'와 '아니다'만 바꾸어 준 것이지요?

연역 추리에는 이렇게 '이다'와 '아니다'를 바꾸어 주는 식으로 말만 바꾸어 하는 추리가 있답니다. 이런 추리를 **직접 추리**라고 하지요.

예를 하나 더 들어 볼까요?

어느 숲 속 동물 나라에 고릴라들이 쳐들어왔습니다. 그런데 이 동물 나라에는 무슨 일이 있어도 거짓말을 해서는 안 된다는 법이 있었지요.

이것을 잘 알고 있는 고릴라들은 어느 날, 동물들을 불러 물어보았습니다.

"너희들은 우리 고릴라들에 대해 어떻게 생각하느냐?"

숲 속 동물들은 거짓말을 할 수도 없고, 또 고릴라가 무서워 "고릴라는 악당이다."라고 말할 수도 없었습니다.

토끼, 염소, 사슴은 머리를 맞대고 이야기를 나누었습니다. 그러고는 저마다 이렇게 말했습니다.

토끼 : 고릴라는 악당이 아니지 않지요.
염소 : 어떤 악당은 고릴라지요.
사슴 : 악당이 아닌 동물은 고릴라가 아니지요.

이 판단들은 모두 거짓말이 아니지요?
숲 속 동물들은 직접 추리 방법을 써서 "고릴라는 악당이다." 는 판단을 조금씩 다르게 판단한 것입니다.
이렇게 직접 추리 방법을 쓰면, 우리는 하나의 판단을 가지고 여러 가지 새로운 판단을 할 수 있습니다.

알아맞혀 보세요!

자, 다음은 모두 직접 추리입니다. 괄호 속에 있는 말 가운데 옳은 추리가 되는 말에 동그라미를 쳐 보세요. 그리고 어째서 그런지도 생각해 보세요.

모든 자연수는 0보다 큰 수이다.

① 0보다 큰 [어떤, 모든] 수는 자연수이다.

② 어떤 자연수는 0보다 [큰, 크지 않은] 수이다.

③ 0보다 [큰, 크지 않은] 수는 자연수가 아니다.

귀띔말 2.3이나 3.4 같은 수는 0보다 크지만, 자연수는 아니지요?

누가 범인일까요?

차돌이 생일입니다.

홍규, 준호, 차돌이, 보람이가 엘리베이터를 타고 아파트 꼭대기 층에 있는 차돌이네 집으로 올라가고 있었습니다.

그때 갑자기 정전이 되어 엘리베이터가 뚝 멎었습니다. 엘리베이터 안이 순식간에 깜깜해지고 말았지요.

"어? 이게 어떻게 된 거야?"

"아무것도 안 보이잖아!"

"얘들아, 허둥대지 말고 기다리고 있자. 우리가 갇혀 있는 걸 알면, 경비원 아저씨가 와서 구해 줄 거야."

"그래, 그게 좋겠어."

아이들은 이렇게 두런두런 속삭였습니다.

얼마쯤 지났을까요?

갑자기 철썩 하는 소리가 들렸습니다. 보람이가 비명을 질렀

82

습니다.

"아이쿠! 어떤 자식이 내 뺨을 때렸어?"

누군가 깜깜한 틈을 타서 보람이 뺨을 때렸나 봅니다.

"난 때리지 않았어."

"나도!"

"나도 마찬가지야!"

"내가 뭣 때문에 보람이를 때리겠어?"

아이들은 모두 자기가 때리지 않았다고 말했습니다.

그때 엘리베이터 안에 불이 들어왔습니다.

보람이 오른쪽 뺨이 빨갛게 물들어 있었습니다.

"비겁한 자식······. 깜깜한 틈에 뺨을 때리다니! 누가 나를 때렸는지 솔직하게 고백해!"

그러나 모두들 자기가 한 일이 아니라고 딱 잡아떼는 것이었습니다.

범인은 끝내 밝혀지지 않았습니다.

그런데 차돌이의 생일상이 들어와 모두들 맛있게 먹고 있을 때였습니다. 갑자기 홍규가 외쳤습니다.

"아하, 이제야 알겠다! 보람이 뺨을 때린 범인은 바로 준호였구나!"

준호는 손을 내저었습니다.

"무슨 근거로 그런 소리를 하니? 어째서 내가 범인이야?"

"변명해도 소용 없어! 어서 보람이한테 사과해!"

"난 보람이 뺨을 때리지 않았어!"

홍규가 말했습니다.

"아까 보람이는 오른쪽 뺨을 맞았지? 그렇다면 범인은 보람이 뺨을 오른손으로 때린 게 아니라 왼손으로 때린 셈이지? 그렇다면 범인은 왼손잡이라는 얘긴데, 지금 우리 가운데 왼손으로 밥을 먹고 있는 사람은 준호 너밖에 없잖아?"

그러고 보니 정말 준호만 왼손잡이였습니다. 준호는 그만 얼굴이 빨개졌습니다.

준호는 고개를 푹 숙인 채, 보람이가 오늘 선생님한테 자기가 숙제 안 해 온 것을 고자질한 게 얄미워서 그랬노라고 솔직히 털어놓았답니다.

삼단 추리

홍규는 다음과 같이 추리한 것입니다.

전제 ① 엘리베이터 안에 있던 왼손잡이가
　　　　보람이 뺨을 때린 범인이다.
　　② 준호는 엘리베이터 안에 있던 왼손잡이다.
　　────────────────────────
결론 ③ 그러므로 준호가 보람이 뺨을 때린 범인이다.

앞에서 살펴본 직접 추리에서는 한 개의 전제 판단을 가지고 곧바로 추리를 했지요?

그런데 홍규는 두 개의 전제 판단을 합하여 추리를 했습니다. 이렇게 두 개의 전제 판단을 합하여 추리하는 방법을 **삼단 추리**라고 합니다. 삼단 추리도 연역 추리 가운데 하나지요.

삼단 추리에서 가장 대표적인 모양은 다음과 같습니다.

전제 ① 모든 ○는 △이다.

② 모든 □는 ○이다.

결론 ③ 그러므로 모든 □는 △이다.

이 모양을 주의 깊게 살펴보세요. 전제 판단에서 ○가 ①, ② 모두에 겹쳐 나왔지요?

삼단 추리에서는 이렇게 전제 판단에서 겹치는 말이 반드시 있어야 합니다.

그럼 ○, △, □에다 다른 낱말을 집어넣어 볼까요?

전제 ① 모든 사람은 죽는다.

② 모든 과학자는 사람이다.

결론 ③ 그러므로 모든 과학자는 죽는다.

이 추리는 옳지요?

이렇게 두 개의 판단을 알고 있으면, 삼단 추리 방법을 써서 여러 가지 새로운 판단을 할 수 있답니다.

자, 다음은 모두 두 개의 전제 판단을 가지고 한 삼단 추리입니다. 괄호 속에 있는 말 가운데 옳은 추리가 되는 말에 동그라미를 쳐 보세요.

• 유리 구두 임자는 왕자님이 찾는 여자이다.

  신데렐라는 유리 구두 임자이다.

  ⎯⎯⎯⎯⎯⎯⎯⎯⎯⎯⎯⎯⎯⎯⎯⎯⎯⎯⎯⎯

  ⇨ 그러므로 신데렐라는 왕자님이 찾는 여자[이다, 가 아니다.]

• 백설 공주는 세상에서 가장 아름다운 여자이다.

  나는 백설 공주가 아니다.

  ⎯⎯⎯⎯⎯⎯⎯⎯⎯⎯⎯⎯⎯⎯⎯⎯⎯⎯⎯⎯

  ⇨ 그러므로 나는 세상에서 가장 아름다운 여자[이다, 가 아니다.]

• 날카로운 발톱을 가진 동물은 우리 어머니가 아니다.

  문밖에 서 있는 것은 날카로운 발톱을 가진 동물이다.

  ⎯⎯⎯⎯⎯⎯⎯⎯⎯⎯⎯⎯⎯⎯⎯⎯⎯⎯⎯⎯

  ⇨ 그러므로 문밖에 서 있는 것은 우리 어머니[이다, 가 아니다.]

이상한 유서

옛날, 어떤 유태인 노인이 병들어 죽을 날이 가까워졌습니다. 하지만 아들은 공부하러 아주 먼 도시에 가 있었지요.

노인은 아들이 집에 돌아오기 전에 자기가 먼저 죽을 게 틀림없다고 생각했습니다. 그래서 노인은 유서를 썼습니다.

내 모든 재산을 우리 집 우두머리 노예 아무개에게 물려준다. 다만 내 아들이 갖고 싶어 하는 것이 있으면, 딱 하나만 주어라.

노인은 이런 유서를 남기고 마침내 숨을 거두었습니다.

우두머리 노예 아무개는 유서를 읽고 기뻐서 어쩔 줄을 몰랐습니다. 노예인 자기한테 모든 재산을 물려주었으니 말입니다.

우두머리 노예는 아들한테 아버지가 돌아가셨다는 소식을 전했습니다.

88

며칠 뒤, 아들이 집으로 돌아왔습니다. 아들은 슬픔에 잠겨 아버지의 장례식을 치렀습니다.

우두머리 노예는 노인의 아들에게 노인이 남긴 유서를 보여 주었습니다.

"아버님은 정말 훌륭한 분이었습니다. 이건 아버님이 남기신 유서지요."

아들은 아버지 유서를 보고 깜짝 놀랐습니다. 모든 재산을 우두머리 노예 아무개한테 물려주고, 아들인 자기한테는 딱 하나만 가지라고 적혀 있으니 말입니다.

아들은 장례식을 마치고 마을에 사는 지혜로운 노인을 찾아 갔습니다.

"이상한 일입니다. 어째서 아버님은 제게 재산을 물려주지 않으신 걸까요? 제가 아버님께 잘못한 일도 없는데 말입니다."

지혜로운 노인은 아들의 말을 곰곰이 새겨듣더니, 고개를 끄덕였습니다.

"그렇지 않습니다. 당신의 아버님은 아주 지혜로우신 분이고, 또 당신을 진심으로 사랑하고 있었소."

그러나 아들은 고개를 저었습니다.

"하지만 모든 재산을 노예한테 물려주시지 않았습니까? 저는 이제 완전히 빈털터리란 말입니다."

지혜로운 노인은 빙그레 웃었습니다.

"아버지가 돌아가실 때, 당신은 아버지 곁에 없었지요?"

"그건 어쩔 수 없는 일이었지요. 저는 소식을 못 들었으니 말입니다."

"그래요. 하지만 아버지는 자기가 죽고 난 다음에 노예가 재산을 몽땅 챙겨 도망가 버릴지도 모른다고 생각했던 것입니다. 어쩌면 아예 자기가 죽었다는 소식조차 당신한테 전하지 않을지도 모른다고 생각했을 거요. 그래서 아버지는 노예한테 재산을 물려주신 겁니다. 노예가 유서를 읽으면 기뻐하며 얼른 당신한테 달려가리라 생각했던 것이지요. 그건 아버님 예상대로 되지 않았습니까?"

"그렇습니다. 노예는 얼른 제게로 달려와 아버님이 돌아가셨
다는 소식을 전해 주었지요. 벙글벙글 웃으면서 말이에요. 하지
만 소식을 전하지 않을까 봐 모든 재산을 노예한테 물려준 것은
어리석은 일이에요."

아들은 투덜거렸습니다.

지혜로운 노인은 혀를 끌끌 찼습니다.

"당신은 생각이 모자라는군요. 아버지 유언을 곰곰이 잘 생
각해 보시오. 아버지는 당신이 바라는 것 하나만 당신한테 주겠
다고 말하지 않았소?"

"그랬지요. 겨우 하나만 말이에요."

지혜로운 노인은 껄껄 웃으며 말했습니다.

"여보시오 젊은이, 그렇다면 당신은 그 노예를 갖겠다고 하
면 되지 않습니까!"

그 말을 듣고서야 아들은 무릎을 탁 쳤습니다.

"아! 아버님 뜻이 바로 그거였구나!"

이렇게 해서 아들은 아버지 재산을 한 푼도 잃지 않고 모조리
물려받을 수 있었답니다.

관계 추리

아버지는 유서를 쓰며 이렇게 추리한 것입니다.

전제 ① 모든 재산은 우두머리 노예 것이다.

    ② 우두머리 노예는 아들 것이다.

_____

결론 ③ 그러므로 모든 재산은 아들 것이다.

이것을 그림으로 그려 보면 다음과 같습니다.

92

우두머리 노예는 모든 재산을 가졌지만, 아들은 우두머리 노예를 가졌으니, 결국 우두머리 노예와 그의 재산은 몽땅 아들 것이 되는 셈이지요.

이것은 '우두머리 노예와 재산의 관계', '아들과 우두머리 노예의 관계'를 놓고 '아들과 재산'의 관계를 추리한 것입니다.

이렇게 어떤 관계를 알면, 그것을 보고 다른 새로운 관계를 추리할 수 있습니다. 이런 추리를 **관계 추리**라고 합니다.

예를 들면, 우리가 다음과 같은 관계를 알고 있다고 합시다.

① 한라산은 지리산보다 높다.
② 지리산은 설악산보다 높다.
③ 설악산은 금강산보다 높다.
④ 금강산은 태백산보다 높다.

이 관계를 보고, 한라산과 태백산의 높이는 어떤 관계인지 쉽게 추리할 수 있습니다.

'한라산은 태백산보다 높다.'지요?

이 관계 추리는 수학에서도 많이 나옵니다.

자, 이제 관계 추리에 관한 퀴즈를 하나 내 볼까요?

버스를 탔더니 운전사와 여자 아이가 다정하게 이야기를 주고받고 있었습니다. 두 사람이 어떤 관계인지 물었더니 다음과 같이 대답했습니다.

　　운전사 : 이 아이는 내 딸입니다.
　　여자 아이 : 이분은 제 아버지가 아니에요.

　그런데 이 두 사람의 말은 모두 옳답니다. 그러면 두 사람은 어떤 관계인지 추리해 보세요.
　정답을 알려면 '알아맞혀 보세요'를 읽어 보세요.

알아맞혀 보세요!

　자, 다음은 모두 관계 추리입니다.
　괄호 속에 있는 말 가운데 옳은 추리가 되는 말에 동그라미를 쳐 보세요.

　① 꽁치 통조림은 사과 통조림보다 무겁다.
　② 포도 통조림은 사과 통조림보다 가볍다.
　_____
　⇨ 그러므로 꽁치 통조림은 포도 통조림보다 [무겁다, 가볍다.]

　① 네 명의 어린이가 한 줄로 나란히 앉아 있다.

② 김슬기는 이보람과 최이슬 사이에 앉아 있다.

③ 최이슬은 김슬기와 조샛별 사이에 앉아 있다.

④ 이보람은 조샛별 왼쪽에 앉아 있다.

⇨ 그러므로 김슬기는 이보람 [왼쪽, 오른쪽]에 앉아 있다.

(앞 도움말의 정답은 '어머니와 딸 관계'입니다. 그 버스 운전사는 여자였지요.)

어사이거나 또는 거지

옛날, 어느 동네에 점쟁이가 살고 있었습니다.

그 점쟁이는 점을 잘 친다고 소문이 나서, 그 집 앞에는 점을 보러 오는 사람들이 늘 북적댔지요.

그러던 어느 날, 암행어사가 이 동네를 지나게 되었답니다.

어사는 점쟁이 집 앞에 사람들이 북적대는 모습을 보고 이렇게 생각했습니다.

'엉터리 점쟁이가 허튼 미신으로 백성들을 속여 먹고 있군. 어디 혼 좀 내주고 갈까?'

어사는 점쟁이한테 가서 점을 봐 달라고 부탁했습니다.

그러자 점쟁이는 책을 한 권 내밀며, 책에 적힌 글자 가운데 아무 글자나 하나 짚어 보라고 말했습니다.

어사는 점쟁이가 시키는 대로 글자 하나를 손가락으로 짚었습니다. 그 글자는 '점 복(卜)' 자였습니다.

96

그러자 점쟁이는 갑자기 벌떡 일어서더니 어사에게 넙죽 큰 절을 올렸습니다. 어사는 황급히 손을 내저으며 물었지요.

"아니, 왜 이러시는 겁니까?"

점쟁이가 말했습니다.

"아무리 허름하게 차려입으셔도 제 점괘는 못 속이십니다. 어사또님이신 줄 이미 다 알고 있습지요."

어사는 점쟁이가 족집게처럼 자기 신분을 알아맞히자, 속으로 깜짝 놀랐습니다.

"아니, 그걸 어떻게 알아맞혔소?"

점쟁이는 껄껄 웃으며 이렇게 말했습니다.

"어사님이 짚으신 '점 복(卜)' 자를 자세히 보십시오. 사람이 허리춤에 쇠붙이를 차고 있는 모양 아닙니까? 저는 그것이 마패이리라 생각한 것이지요. 허리에 마패를 찬 분이 허름하게 차려입고 다닌다면, 암행어사님일 도리밖에 없지요."

어사는 점쟁이의 점괘 풀이를 듣자, 더 이상 할 말이 없었습니다.

점쟁이 집을 나온 어사는 아무래도 점쟁이한테 속은 기분이었습니다.

'누군가가 내가 어사라고 몰래 귀띔해 주었을지도 몰라. 어디 한 번 더 시험해 봐야지.'

어사는 장터에 가서 거지를 데려왔습니다. 그리고 그 거지를 깨끗이 씻기고, 부잣집 양반들이나 입는 아주 값비싼 옷을 입혔습니다.

그리고 나서 어사는 거지한테 이렇게 시켰습니다.

"자, 너는 이제 시치미를 딱 떼고, 저 점쟁이 집에 들어가 점 보러 왔다고 하여라. 그러면 점쟁이가 책을 한 권 내밀며 글자를 하나 짚어 보라고 할 것이다. 그때 너는 요러저러하게 생겨 먹은 글자를 짚고, 점쟁이가 뭐라고 하는지 귀담아들어 두어라."

거지는 어사가 시키는 대로 점쟁이 집에 들어가 점을 보러 왔다고 말했습니다. 그리고 점쟁이가 내민 책에서 '점 복(卜)' 자를 짚었습니다. 물론 아까 어사가 짚은 글자와 똑같은 글자였지요.

그런데 묘한 일이었습니다.

점쟁이가 갑자기 벌컥 화를 내며 말했습니다.

"그렇게 말끔하게 차려입으면, 네가 거지인 줄 모를 줄 알구? 아까 그 어사또가 내 점괘를 시험해 보려고 너를 보낸 모양인데, 내가 속아 넘어갈 것 같으냐! 흥, 어림없는 일이다!"

거지는 점쟁이가 한 말을 어사한테 그대로 전했습니다.

점쟁이가 이번에도 족집게처럼 알아맞히자, 어사는 감탄하지 않을 수 없었지요. 그래서 다시 점쟁이를 찾아가 물었습니다.

"아까 내가 '점 복' 자를 짚었을 때에는 허리춤에 마패를 찬 모양의 글자를 짚었으니, 암행어사임이 틀림없다고 하지 않았소? 그런데 이 사람도 똑같은 글자를 짚었는데, 어째서 거지라고 하는 거요?"

"아까도 말씀드렸다시피, 이 글자는 사람이 허리춤에 쇠붙이를 차고 있는 모양 아닙니까? 허리춤에 쇠붙이를 차고 다니는 사람이라면, 마패를 차고 다니는 어사또거나, 숟가락을 차고 다니는 거지거나 둘 중에 하나일 테지요. 그런데 어사또는 한 번 지나갔으니, 저는 이 사람이 어사또일 리는 없다고 생각했지요. 어사또가 아니라면 거지일 도리밖에 없는 것이지요."

어사또는 껄껄껄 웃음을 터뜨렸습니다.

"거, 듣고 보니 이치에 맞는 소리군. '꿈보다 해몽이 좋다.'는 속담은 바로 당신을 두고 하는 말인가 보오."

선언 추리 : ……이거나 또는

점쟁이 말처럼 '점 복(卜)' 자를 짚은 사람은 누구나 어사 아니면 거지일까요? 그럴 리야 없겠지요. 아마 그저 적당히 둘러댄 말이겠지요.

어쨌든 여기서 점쟁이는 다음과 같이 추리했습니다.

저 사람은 마패를 차고 다니는 어사이거나,
또는 숟가락을 차고 다니는 거지이다.
그런데 저 사람은 마패를 차고 다니는
어사가 아니다.

⇨ 그러므로 저 사람은 숟가락을 차고 다니는
거지이다.

『반갑다, 논리야』'스물세 번째 이야기'에서 '……이거나 또는'으로 된 선언 판단에 대해 살펴보았지요?

이런 선언 판단을 가지고 하는 추리를 **선언 추리**라고 합니다.

앞의 추리는 "저 사람은 마패를 차고 다니는 어사이다."라는 판단과, "저 사람은 숟가락을 차고 다니는 거지이다."라는 판단 가운데 하나를 고르는 추리지요?

선언 추리는 이렇게 여러 가지 판단 가운데 하나를 고르게 되어 있답니다.

선언 추리의 모양은 다음과 같습니다.

전제 ① △이거나 □이다.
　　 ② △가 아니다.
_____
결론 ③ 그러므로 □이다.

자, △와 □ 대신 다른 말을 한번 집어넣어 봅시다.

최이슬은 미술반 학생이거나 축구반 학생이다.
최이슬은 미술반 학생이 아니다.
_____
⇨ 그러므로 최이슬은 축구반 학생이다.

어때요? 맞는 추리지요? 여러분도 △와 □ 대신 여러 가지 다른 말들을 집어넣어 시험해 보세요. 잘되지요?

그런데 여기서 딱 하나 조심할 것이 있습니다. 그것은 다음과 같이 쓰면 안 된다는 점입니다.

전제 ① △이거나 □이다.

　　② △이다.　　　　　⇦ 잘못된 추리

_____

결론 ③ 그러므로 □가 아니다.

이렇게 쓰면 틀린 추리가 되는 때도 있습니다. 왜 그럴까요? 자, 앞의 추리를 다시 볼까요?

최이슬은 미술반 학생이거나 축구반 학생이다.

최이슬은 미술반 학생이다.

_____

⇨ 그러므로 최이슬은 축구반 학생이 아니다.

이것은 맞는 추리일까요? 그렇지 않겠지요? 왜냐 하면 최이슬은 미술반 학생이면서 축구반 학생일 수도 있기 때문이지요.

이렇게 △이면서 □일 수 있는 경우도 얼마든지 있으니, 선언 추리를 할 때에는 이 점을 조심하세요.

알아맞혀 보세요!

자, 다음은 모두 선언 추리입니다. 맞는 추리인지 틀린 추리인지 생각해 보세요. 또 틀리다면 어째서 틀린지 이유를 대 보세요.

"콩숙이는 나를 좋아하든지 준호를 좋아할 거야. 그런데 콩숙이가 준호를 좋아하는 것은 누구나 다 알고 있는 사실이지. 그래, 콩숙이는 나를 좋아하지 않아!"

콩숙이는 준호를 좋아하거나 나를 좋아한다.
그런데 콩숙이는 준호를 좋아한다.
_____

⇨ 그러므로 콩숙이는 나를 좋아하지 않는다.

"토끼 간은 토끼 뱃속에 있든지 바위 위에 널려 있겠지. 하지만 간을 바위 위에 널어 놓고 다닐 수 있는 동물은 없어. 그러니 토끼 간은 토끼 뱃속에 있을 거야!"

토끼 간은 토끼 뱃속에 있거나 바위 위에 널려 있다.
토끼 간은 바위 위에 널려 있지 않다.
_____

⇨ 그러므로 토끼 간은 토끼 뱃속에 있다.

참고로 알아 두세요

여기서 '선언'이라는 말은 '양심 선언' 할 때의 선언(宣言)이 아니라, 한자 말로 '고를 선(選)' 자에 '말씀 언(言)' 자를 써서 '고를 수 있게끔 된 말'을 뜻합니다. 반대말은 '정언'이라고 하여 '고를 필요 없이 정해진 말'이라는 뜻이지요.

도둑 잡는 두꺼비

 옛날, 어느 마을에서 중요한 물건을 도둑맞았습니다. 마을 사람들이 공동으로 쓰는 제사 그릇과 금 수저, 은 수저를 누군가가 몰래 훔쳐 가 버린 것이지요.

 마을이 생겨난 뒤 처음 일어난 도난 사건이어서 마을 사람들은 모이기만 하면 수군거렸습니다.

 "혹시 개똥 아범이 한 짓이 아닐까? 술을 좋아하니까 술값을 마련하려고 그런 짓을 저질렀는지도 몰라."

 "아니야, 쇠똥이도 수상해. 저번에 나물을 캐러 가는데, 뒤춤에 뭔가를 숨기고 있더라구."

 마을 사람들은 이렇게 서로 의심을 했습니다. 그리고 의심한 사람과 의심받은 사람이 서로 말다툼을 벌이기도 했지요.

 "이봐, 똘똘이 어멈, 지난번 개울가에서 나를 도둑놈이라고 했다며? 당신이 내가 도둑질하는 거 봤어? 엉, 봤냐구?"

"그냥 그럴지도 모른다고 한 거지, 누가 개똥 아범이 도둑놈이래요?"

"왜 모르면서 사람을 함부로 의심하는 거야!"

"아니, 그런데 이 양반이 어디 와서 행패야, 행패가!"

이 도난 사건 때문에 평화롭던 마을이 갑자기 인심이 사납게 바뀌었습니다.

마을 촌장 어른은 이 꼴을 보고, 하루빨리 도둑을 잡아야겠다고 생각했습니다. 그래서 마을 사람들한테 알렸습니다.

"내가 그동안 잠자코 있었지만, 날이 갈수록 마을 인심이 사나워지니 더 이상 가만히 두고 볼 수가 없습니다. 실은 우리 집에 수백 년 전부터 내려오는 가보가 하나 있는데, 이제 이것을 쓸 때가 온 것 같소. 아마 오늘 안으로 도둑이 누구인지 밝혀질 것이오. 오늘 밤에 동네 앞마당으로 모두 모이시오. 만일 누구든 빠지는 사람이 있다면, 바로 그자가 도둑일 것이오."

촌장 어른 말을 듣고, 마을 사람들은 그날 밤, 한 사람도 빠짐없이 동네 앞마당에 모였습니다. 도둑을 잡는다는 말에 호기심이 나기도 했지만, 나가지 않았다가는 꼼짝없이 도둑 누명을 쓸 판이었으니까요.

마을 사람들이 모이자, 촌장 어른이 말했습니다.

"우리 집 가보란, 바로 도둑 잡는 두꺼비요. 여기 앞에 놓인 항아리 속에는 도둑 잡는 두꺼비가 들어 있소. 이놈은 불빛을

싫어해서 부득이 깜깜한 밤에 모이라고 했소이다. 횃불을 끈 다음에 항아리 뚜껑을 열 터이니, 한 사람씩 나와 이 항아리 속에 손을 집어넣으시오. 만일 도둑이 손을 집어넣으면 두꺼비가 대뜸 손을 잘라 먹을 것이고, 도둑 아닌 사람이 손을 집어넣으면 아무 일도 없을 것이오. 자, 맨 먼저 내가 손을 집어넣겠소.”

촌장 어른은 횃불을 죄다 끄라고 명령하고, 자기부터 항아리 속에 손을 집어넣었습니다.

“자, 한 사람씩 나와 손을 집어넣으시오. 만일 여기서 빠진 사람이 있다면 그 사람이 바로 도둑일 것이오.”

마을 사람들은 한 사람씩 앞으로 나가 항아리 속에 손을 집어넣었습니다.

마을 사람들이 모두 손을 집어넣었지만, 두꺼비한테 물린 사람은 없었습니다. 사람들은 고개를 갸웃거렸습니다.

“이상한 일이군. 그렇다면 마을 사람들 가운데에는 도둑이 없는 건가?”

“마을 밖에서 도둑이 들어와서 훔쳐 갔는지도 모르지. 어쨌든 촌장 어른 댁 두꺼비도 아무 쓸모가 없군, 쯧쯧.”

그때 촌장 어른이 횃불을 켜라고 명령했습니다.

“자, 여러분! 이제 옆에 있는 사람 손을 들여다보십시오. 이 항아리 속에는 두꺼비가 아니라 먹물이 들어 있으니, 손에 먹물이 묻지 않은 사람이 있다면, 바로 그자가 도둑이오!”

　사람들은 서로 손을 들여다보았습니다.

　모두들 손이 까만데, 오직 깜돌이라는 젊은이만 손이 깨끗했습니다.

　사람들은 깜돌이를 붙잡아 촌장 어른 앞으로 데려갔습니다.

　"네 이놈! 네가 바로 도둑이로구나. 두꺼비한테 물려 손이 잘릴까 봐, 네놈만 항아리 속에 손을 집어넣지 않은 게야!"

　이쯤 되니, 깜돌이는 자기가 마을 물건을 훔쳤노라고 털어놓지 않을 수 없었지요. 깜돌이는 엉엉 울면서 훔친 물건들을 뒷동산 소나무 밑에 묻어 두었으니, 한 번만 용서해 달라고 빌었습니다.

　이렇게 해서 촌장 어른은 도둑을 잡고, 잃어버린 물건도 찾았답니다.

조건 추리 : 만일 ……이라면

이 이야기에서 촌장 어른은 이렇게 추리했습니다.

만일 어떤 사람이 손이 깨끗하다면, 바로 그가 도둑이다.
깜돌이는 손이 깨끗하다.
_____

⇨ 그러므로 깜돌이가 바로 도둑이다.

『반갑다, 논리야』 '스물네 번째 이야기'에서 '만일 ……이라면'으로 된 조건 판단에 대해 살펴보았지요?
　이런 조건 판단을 가지고 하는 추리를 **조건 추리**라고 합니다.
　조건 추리는 주어진 조건을 보고 거기에 따라서 추리를 하는 것이지요.
　이 조건 추리의 모양은 다음과 같습니다.

만일 △라면, □이다.　　만일 △라면, □이다.
△이다.　　　　　　　　□가 아니다.
_____　　_____

⇨ 그러므로 □이다.　　⇨ 그러므로 △가 아니다.

주의　△와 □ 자리를 눈여겨보세요. 자리가 바뀌면 안 됩니다.

자, 여기서 △와 □ 자리에 다른 말을 집어넣어 볼까요?

만일 턱수염이 있다면, 남자이다.　　　　그는 턱수염이 있다.

⇨ 그러므로 그는 남자이다.

만일 턱수염이 있다면, 남자이다.　　　　그는 남자가 아니다.

⇨ 그러므로 그는 턱수염이 없다.

이것은 모두 맞는 추리입니다. 하지만 자리를 바꾸면 어떻게 될까요?

만일 턱수염이 있다면, 남자이다.　　　그는 턱수염이 없다.

⇨ 그러므로 그는 남자가 아니다.

턱수염이 없다고 해서 "남자가 아니다."라고 할 수 있을까요? 어린 남자 아이들은 아직 턱수염이 없지요? 그래서 이것은 틀린 추리가 됩니다.

여러분도 다른 말을 집어넣어 조건 추리를 만들어 보고, 그 추리가 맞나 틀리나 살펴보세요. 물론 자리가 안 바뀌게 조심하고요!

자, 다음은 모두 조건 추리입니다. 괄호 속에 있는 말 가운데 옳은 추리가 되는 말에 동그라미를 쳐 보세요.

만일 폭력 만화를 자주 본다면, 성격이 난폭해질 것이다.
남규는 폭력 만화를 자주 본다.

⇨ 그러므로 남규는 성격이 난폭해[질, 지지 않을] 것이다.

만일 자동차가 더 많아진다면, 교통 체증은 심해질 것이다.
교통 체증이 심해지지 않았다.

⇨ 그러므로 자동차가 많아[졌다, 지지 않았다.]

그렇다면 다음과 같이 쓸 수 없는 까닭은 뭘까요?

만일 자동차가 더 많아진다면, 교통 체증은 심해질 것이다.
자동차가 많아지지 않았다.

⇨ 그러므로 교통 체증이 심해지지 않았다.

핼리 혜성의 발견

태양 둘레를 도는 천체를 우리는 보통 '행성'이라고 합니다. 수성, 금성, 지구, 화성, 목성, 토성 등이 바로 행성이지요.

그런데 태양 둘레를 도는 천체이지만, 동그랗게 도는 게 아니라 아주 긴 타원형을 그리며 도는 천체들도 있습니다. 이런 천체를 '혜성'이라고 합니다.

혜성은 금성이나 화성처럼 자주 볼 수 있는 천체가 아닙니다. 어떤 혜성은 무려 150년에 한 번씩 지구 가까이에 나타나기도 한답니다. 그러니 이런 혜성은 우리가 살아 있는 동안 한 번 볼까 말까 한 것이지요.

옛날 사람들은 이렇게 어쩌다 한 번씩 나타나는 혜성을 아주 괴상한 천체로 생각했답니다. 그것은 혜성이 다른 천체들하고는 달리 긴 꼬리를 달고 나타나기 때문이기도 합니다. 그래서 옛날 사람들은 밤하늘에 혜성이 나타나면, 전쟁이 일어나거나 큰 전염병이 돈다고 믿었지요.

그런데 이 혜성이 느닷없이 나타나는 것이 아니라, 때를 맞추어 나타난다고 생각한 사람이 있었습니다.

그 사람은 영국의 천문학자 핼리였습니다.

핼리는 옛날 사람들이 혜성을 보고 기록한 자료들을 읽고, 혜성에 흥미를 느꼈습니다.

'혜성이 나타나면 정말 전쟁이 일어나거나 큰 전염병이 도는 걸까?'

핼리는 이런 의문을 품고 혜성에 관한 자료들을 오랫동안 비교하고 연구했지요.

그러다가 재미있는 사실을 하나 발견했습니다.

"음······ 이 혜성은 1531년에 나타났고, 그다음에는 1607년에 한 번, 1682년에 또다시 나타났군. 여기에 뭔가 공통점이 있구나."

핼리는 혜성이 나타난 햇수의 간격을 계산해 보았습니다.

$$1682-1607=75$$

$$1607-1531=76$$

혜성이 나타난 이 세 차례의 햇수 간격은 약 76년으로 아주 비슷했습니다.

"역시 그렇군! 혜성은 아무 때나 느닷없이 나타나는 게 아니라 정기적으로 나타나는 거야!"

　핼리는 연구 결과를 발표했습니다. 그리고 이 혜성이 76년 뒤인 1758년에 또 한 번 나타나리라고 예언했지요.

　그러나 그 당시 사람들은 혜성이 느닷없이 나타나는 불길한 별이라고 믿고 있었기 때문에, 핼리의 예언을 비웃었습니다.

　핼리가 죽은 지 16년이 지난 뒤였습니다.

　1758년 크리스마스 날 밤에 혜성이 빗자루처럼 긴 꼬리를 끌고 하늘에 나타났습니다.

　사람들은 그제야 핼리의 예언이 맞아떨어졌다는 사실을 알게 되었습니다. 사람들은 이 혜성에 '핼리 혜성'이라는 이름을 붙여 주었습니다.

핼리 혜성은 지난 1986년에 나타났으니까 여러분은 76년 뒤인 2062년에 이 혜성을 다시 볼 수 있을 것입니다.

도움말 귀납 추리

지금까지 살펴본 것들은 모두 연역 추리 방법으로 하는 추리였습니다.

이제 귀납 추리 방법에 대해 알아봅시다.

귀납 추리는 개별 판단을 가지고 보편 판단을 하는 추리 방법이라고 했지요?

자, 다음과 같은 경우를 생각해 봅시다.

아버지가 백 개들이 귤 한 상자를 사 왔습니다.

그런데 귤을 먹으려고 껍질을 벗겨 보니 속이 썩어 있었습니다. 그래서 다른 귤을 집어 껍질을 벗겨 보니 또 속이 썩어 있었지요. 화가 나서 소매를 걷어붙이고 귤 껍질을 벗기기 시작했는데, 스무 개쯤 벗겨도 죄다 썩어 있었습니다.

이런 상황이라면, "이 상자 속의 귤은 모조리 썩었다."고 추리할 수 있을 것입니다.

우리는 이렇게 상자 속에 든 귤 몇 개가 썩은 것을 보고, 상자 속에 든 귤 전체가 썩었다고 추리할 수 있습니다. 바로 이것이 귀납 추리 방법이지요.

물론 한두 개쯤 안 썩은 귤이 있을지도 모릅니다. 그리고 하필 이면 손에 잡힌 스무 개만 썩은 것인지도 모르지요.

그래서 연역 추리가 '딱 들어맞는 추리'인 반면에 귀납 추리 는 '좀 느슨한 추리'라고 하는 것입니다.

이렇게 말하면 여러분은 이상한 생각이 들겠지요.

'그럼 연역 추리만 쓰면 되지, 왜 귀납 추리를 쓰지?'

그래요. 이런 의문이 생길지도 모르지요. 하지만 연역 추리만 으로는 아무 추리도 못한답니다.

자, 다음과 같은 추리가 있다고 합시다.

모든 사람은 죽는다.
과학자는 사람이다.
_____

⇨ 그러므로 과학자도 죽는다.

이것은 앞에서 배운 연역 추리 가운데 삼단 추리 방법이지요? 연역 추리에서는 "모든 사람은 죽는다."와 같은 전제 판단이 옳 다면, 결론은 무조건 옳습니다. 그래서 연역 추리를 '딱 들어맞 는 추리'라고 하는 것이지요.

하지만 "모든 사람은 죽는다."가 옳은지 틀린지를 어떻게 알 수 있을까요?

연역 추리로 이것을 증명할 수 있는 방법은 없습니다.

공자도 죽었고, 맹자도 죽었고, 광개토왕도 죽었고, 이순신도 죽었고, 안중근도 죽었고, 개똥이네 할아버지도 죽었고…… 식으로 개별적인 사람들이 모두 죽었다는 사실을 가지고 "모든 사람은 죽는다."가 옳다고 추리한 것입니다.

이것도 바로 귀납 추리지요. 그래서 귀납 추리가 없다면, 연역 추리도 없는 것입니다.

자, 이제 귀납 추리가 어떤 것인지 이해할 수 있겠지요?

앞 이야기에서 핼리가 썼던 추리 방법도 귀납 추리랍니다.

1531년에 나타난 혜성은 76년 뒤인 1607년에 나타났다.
1607년에 나타난 혜성은 75년 뒤인 1682년에 나타났다.

⇨ 그러므로 1682년에 나타난 혜성은 76년 뒤인 1758년에 또 나타날 것이다.

핼리는 바로 이렇게 추리했던 것이지요.

다음 추리는 저마다 어떤 추리 방법을 쓴 것일까요?

추리 1

첫 번째 박 속에서는 도깨비들이 나와 놀부를 혼내 주었다.

두 번째 박 속에서는 저승사자가 나와 놀부를 혼내 주었다.

세 번째 박 속에서는 귀신들이 나와 놀부를 혼내 주었다.

⇨ 그러므로 네 번째 박 속에서도 놀부를 혼내 줄 무엇이 나올
   것이다.

추리 2

나쁜 사람은 벌을 받는다.

놀부는 나쁜 사람이다.

⇨ 그러므로 놀부는 벌을 받을 것이다.

콩알 세기

옛날, 어느 마을에 수동이라는 아이가 살았습니다. 말썽꾸러기지만 아주 영리한 아이였지요.

어느 날, 수동이는 장난을 치다가 그만 아버지가 아끼는 벼루를 깨뜨리고 말았습니다.

수동이는 깨진 벼루를 들고 아버지에게 갔습니다.

"아버님, 제가 그만 아버님이 아끼시는 벼루를 깨뜨리고 말았습니다. 어떤 벌이라도 달게 받겠습니다."

아버지는 수동이가 솔직하게 잘못을 털어놓자, 크게 꾸중할 수가 없었습니다. 그 대신 이 말썽꾸러기를 좀 진득하니 자리에 앉혀 놓아야겠다고 생각했지요.

"어떤 벌이라도 달게 받겠다구? 좋다, 그렇다면······."

아버지는 머슴을 시켜 콩 한 가마니를 가져오게 했습니다.

"자, 너는 이틀 안으로 이 가마니 속에 든 콩알을 모두 세어 몇 개가 들어 있는지 나한테 말해라. 만일 이틀 안으로 다 세지 못한다면, 종아리가 퉁퉁 붓도록 맞을 줄 알아라."

곁에서 그 말을 듣고 있던 어머니는 깜짝 놀랐습니다. 한 가마니나 되는 콩알을 세려면, 몇 사람이 달라붙어 며칠을 꼬박 세어도 어려운 일이니 말입니다. 그런데 꼬마 혼자서 어떻게 이틀 동안에 그 많은 콩알을 세겠습니까?

그러나 수동이는 고개를 조아리며 말했습니다.

"예, 아버님! 이틀 안으로 다 세어 아뢰겠습니다."

그리고는 아버지 앞에서 물러났습니다.

'저 말썽꾸러기가 이제는 단단히 혼이 나겠구나!'

어머니는 이렇게 생각했지요.

그런데 수동이는 아버지 앞에서 물러나기가 무섭게 동네 아이들과 팽이를 치러 나갔습니다.

팽이치기가 끝나자, 이번에는 산과 들로 몰려다니며 전쟁놀이를 했습니다.

어머니는 여간 걱정이 아니었습니다.

"애, 수동아, 너 일주일을 세어도 콩을 다 못 셀 텐데, 어쩌려고 그렇게 놀고만 있니? 다 세지는 못하더라도 웬만큼 세어 성의를 보여야 아버님께 덜 혼나지."

그러나 수동이는 태연히 이렇게 말했습니다.

"염려 마세요, 어머니! 그까짓 콩 한 가마니쯤이야 금방 셀 수 있어요."

하루가 꼴딱 지나갔습니다.

그런데 다음 날 아침에도 수동이는 여전히 동네 아이들과 놀러 다니는 것이었습니다.

어머니는 가슴이 조마조마해서 견딜 수가 없었습니다.

"이 녀석아, 네가 아버지 성격을 잘 몰라서 그러는 모양인데, 아버지는 약속 안 지키는 사람을 가장 싫어하셔! 어서 와서 세는 척이라도 하고 있어. 그렇지 않으면 정말 다리가 부러지게 맞을 게다!"

그러나 수동이는 끄떡도 하지 않았습니다.

"그건 제가 다 알아서 할게요. 어머니는 아무 걱정 마세요."

수동이는 아침나절 실컷 놀다가 집에 오더니, 이번에는 제 방에 들어가 한잠 늘어지게 자는 것이었습니다.

어머니는 푸욱 한숨을 쉬었습니다.

"이젠 나도 모르겠다. 저 녀석 한번 단단히 혼이 나야 정신을 차릴 거야."

수동이는 해가 저물 무렵이 되어서야 일어났습니다.

"아아, 잘 잤다! 그럼 이제 슬슬 콩을 세어 볼까?"

수동이는 머슴을 불러 뒷박을 하나 가져오라고 했습니다. 그러더니 뒷박에 콩알을 가득 담았습니다.

"자, 이제 이 뒷박 속에 든 콩이 몇 개인지 세어 보자."

 수동이는 됫박 속에 든 콩알을 세어 보았습니다. 그건 금세 셀
수 있었지요.

 "옳지, 모두 팔천삼백오십육 개로군."

 수동이는 머슴을 시켜 콩 한 가마니가 모두 몇 됫박인지 헤아
려 보라고 했습니다. 머슴은 수동이가 시키는 대로 가마니 속에
든 콩을 됫박으로 헤아려 보았습니다.

 "일백이십오 됫박이 나오는군요."

 그러자 수동이는 쓱쓱 계산을 했습니다.

"음, 그렇다면 8356×125=1044500……. 모두 백사만 사천오백 알이로군."

그때 아버지가 수동이를 불렀습니다.

"그래, 콩알은 다 세었느냐?"

수동이는 머리를 조아리며 말했습니다.

"예, 아버님. 모두 백사만 사천오백 개이옵니다."

아버지는 수동이가 이틀 내내 놀러 다닌 것을 잘 알고 있기 때문에, 그 말이 거짓말이라고 생각했습니다.

"이놈, 누구 앞에서 거짓말을 하느냐! 내가 머슴들을 시켜 직접 콩알을 세어 확인해 볼 것이니, 어서 사실대로 말하여라."

수동이는 자기가 어떻게 콩알 개수를 알아냈는지 아버지한테 자세히 설명했습니다.

그 말을 듣자, 아버지 어머니도 감탄할 수밖에 없었지요.

"허허허! 그래, 그런 방법으로 세었다면 정확하겠구나. 하지만 그렇다고 해서 네 계산이 아주 정확한 건 아니야. 대충 맞는 것이지."

아버지 말에 수동이도 고개를 끄덕였습니다.

"예, 그렇사옵니다. 한 됫박 속에 든 콩알 개수가 다 다를 수 있으니까요."

"너는 콩알 개수가 몇 개쯤 틀렸다고 생각하느냐?"

"한 오백 개쯤은 틀렸을 것입니다."

"그렇다면 백 개 틀린 데 한 대씩 해서, 종아리 다섯 대만 맞아라. 불만은 없겠지?"

"예, 아버님! 저도 그쯤은 각오하고 있었습니다."

이렇게 해서 수동이는 아버지의 벼루를 깬 벌로 겨우 종아리 다섯 대만 맞았답니다.

도움말 **통계적 귀납 추리**

귀납 추리가 '좀 느슨한 추리'라고 했지만, 귀납 추리 가운데에는 딱 들어맞는 추리도 있습니다.

앞 도움말에서 예로 든 "모든 사람은 죽는다."와 같은 추리는 딱 들어맞는 추리입니다. 왜냐 하면 여태껏 죽지 않은 사람은 한 명도 없었고, 앞으로도 없을 것이기 때문이지요.

이처럼 모든 경우에 완전히 맞아떨어지는 귀납 추리를 **완전 귀납 추리**라고 합니다.

반면 모든 경우에 완전히 맞아떨어지지는 않더라도, 대체로 맞아떨어지는 추리도 있습니다.

앞 도움말에서 예로 든 것처럼 귤 스무 개가 썩은 것을 보고 "이 상자 속에 든 귤은 모조리 썩었다."고 한 추리는 대체로 맞아떨어지는 추리지요.

이렇게 '완전히'는 아니어도 통계를 내어 볼 때 맞아떨어질 가능성이 많은 귀납 추리를 **통계적 귀납 추리**라고 합니다.

앞 이야기에서 수동이가 쓴 방법도 통계적 귀납 추리입니다. 수동이는 먼저 됫박에 든 콩알을 센 다음 가마니 속에 든 콩알이 몇 됫박이나 되는지 헤아려 보고 나서 대략 개수를 추리했지요. 그리고 이 추리가 오백 개쯤 틀렸을 것이라고 말했습니다.

통계적 귀납 추리를 쓸 때에는 이렇게 그것이 틀렸을 가능성이 얼마큼 될 것인가도 생각해 보아야 합니다.

신문을 보니 요즘 시력이 나쁜 사람들을 위해 레이저 눈 수술을 한다고 합니다. 그런데 이 수술을 받은 사람 백 명 가운데 팔십 명쯤은 큰 부작용 없이 시력이 좋아졌다고 합니다.

그렇다면 우리는 이렇게 추리할 수 있습니다.

"레이저 눈 수술은 시력 교정에 대체로 효과가 있다."

이것도 통계적 귀납 추리이지요.

그런데 여기서 주의할 점은, 이것은 어디까지나 '대체로 효과가 있다.'이지, '완전히 효과가 있다.'가 아니라는 점입니다. 이것을 혼동하여 레이저 눈 수술만 받으면 무조건 시력을 회복할 수 있다고 믿는다면 착각이지요.

이때 우리는 얼마나 많은 사람을 대상으로 실험해 보았느냐를 따져 봐야 합니다.

"백 명 가운데 팔십 명의 시력이 좋아졌다."

"천 명 가운데 팔백 명의 시력이 좋아졌다."

"만 명 가운데 팔천 명의 시력이 좋아졌다."

이렇게 따져 봤을 때, 실험 횟수가 많을수록 추리는 더 정확해지겠지요.

이런 '실험 횟수'와 같은 것을 통계량이라고 합니다. 통계적 귀납 추리에서는 통계량이 충분해야만 정확한 추리가 나옵니다.

알아맞혀 보세요!

다음과 같은 감기약이 있다면 여러분은 어느 감기약을 사 먹겠습니까? 왜 그 약을 사 먹겠다고 생각했는지 이유를 대 보세요.

- 염소표 감기약 : 이 감기약을 열 명한테 먹였더니, 모두 감기가 나았습니다. 그러므로 염소표 감기약의 효과는 백 퍼센트입니다.

- 오리표 감기약 : 이 감기약을 만 명한테 먹였더니, 9천 명이 감기가 나았습니다. 그러므로 오리표 감기약의 효과는 구십 퍼센트입니다.

눈 밑에 검은 점

내기를 몹시 좋아하는 어떤 젊은이가 장에 나가서 닭싸움을 구경하게 되었습니다.

사람들은 닭들한테 싸움을 붙여 놓고, 돈을 걸어 내기를 했습니다.

젊은이는 눈 밑에 검은 점이 있는 닭한테 돈을 걸었습니다.

다행히 그 닭이 이기는 바람에 내기에 이겨 돈을 벌었지요.

그러고 나서 젊은이는 개싸움을 하는 곳에 갔습니다. 그런데 묘하게 거기에도 눈 밑에 검은 점이 있는 개가 있었습니다.

"어? 이상하군……."

젊은이는 혹시나 하는 마음에 눈 밑에 검은 점이 있는 개한테 돈을 걸었습니다.

아니나 다를까, 그 개가 싸움에 이겨 젊은이는 또 돈을 벌었습니다.

"히야! 이것 참 재미있는데……. 이번에는 소싸움하는 곳에 가 보자!"

내기를 좋아하는 젊은이는 소싸움을 하는 곳에 가 보았습니다. 젊은이는 소들을 하나씩 하나씩 살펴보았습니다. 그런데 거기에도 눈 밑에 검은 점이 있는 소가 있었습니다.

"이것 봐라! 이번에도 돈을 벌겠군."

젊은이는 그 소한테 돈을 걸었고, 이번에도 눈 밑에 검은 점이 있는 소가 이겼습니다.

이제 더 이상 의심할 게 없었습니다.

젊은이는 이번에는 경마장으로 달려갔습니다. 그러고는 경주마들을 샅샅이 살펴보았지요. 경주마 가운데에도 눈 밑에 검은 점이 있는 말이 한 마리 있었습니다.

"옳거니! 하늘이 나를 돕는구나!"

젊은이는 눈 밑에 검은 점이 있는 말한테 돈을 걸었습니다. 말들이 달리기 시작했고, 이번에도 젊은이가 돈을 건 말이 이겼습니다.

이렇게 해서 젊은이는 하루 새에 큰돈을 벌 수 있었습니다. 그래서 기분도 좋은 김에 술집에 들어가 술을 잔뜩 마셨습니다.

얼마쯤 지났을까, 술을 마시고 있던 남자 둘이 갑자기 일어나더니 멱살을 잡고 싸우기 시작했습니다.

그런데 젊은이가 가만히 보니, 한 사람은 눈 밑에 검은 점이 있었습니다.

"엉? 저 사람도 눈 밑에 검은 점이 있네."

젊은이는 옆 자리에 앉아 있는 뚱뚱한 신사한테 물었습니다.

"형씨, 저 두 사람이 지금 싸움을 하고 있는데, 누가 이길 것 같소?"

뚱뚱한 신사는 얼굴을 찌푸리며 말했습니다.

"그야 물론 저 코 밑에 검은 점이 있는 사람이 이길 테지요."

젊은이는 하하하 웃으며 말했습니다.

"아닙니다. 저기 눈 밑에 검은 점이 있는 사람이 분명히 이길 겁니다."

"천만에요. 틀림없이 코 밑에 검은 점이 있는 사람이 이길 거요."

젊은이는 이때다 싶어 내기를 걸었습니다.

"그럼 우리 내기할까요? 나는 내가 가진 돈을 몽땅 걸겠습니다."

뚱뚱한 신사는 고개를 갸웃거리다가 말했습니다.

"좋소, 나도 그만큼 걸지요."

젊은이와 뚱뚱한 신사는 서로 돈을 꺼내 걸고 내기를 하였습니다.

그런데 얼마쯤 지나자, 코 밑에 검은 점이 있는 사람이 눈 밑에 검은 점이 있는 사람을 한 방에 때려눕혀 버렸습니다.

 눈 밑에 검은 점이 있는 사람은 그만 기절을 하여 일어나지
못했습니다. 그 모습을 보고, 코 밑에 검은 점이 있는 사람이 손
을 탁탁 털며 술집을 나가 버렸습니다. 내기를 좋아하는 젊은이
가 진 것입니다.
 뚱뚱한 신사는 껄껄껄 웃었습니다.
 "그것 봐요. 내 말이 맞지요? 내기에 이겼으니, 이 돈은 내가
갖겠습니다."
 "어? 이럴 리가 없는데……."
 젊은이는 그날 번 돈을 몽땅 잃어버렸습니다.

그때 뚱뚱한 신사가 지갑 속에 돈을 챙겨 넣으며 중얼거렸습니다.

"오늘은 참 이상한 날이야. 코 밑에 검은 점이 있는 것들한테 걸기만 하면 내기에서 이긴단 말씀이야! 하하하……."

도움말 귀납 추리를 할 때 조심할 점[1]

젊은이는 내기를 좋아하다가 그만 쫄딱 망해 버렸지요?

눈 밑에 검은 점이 있는 닭이 이겼다.
눈 밑에 검은 점이 있는 개가 이겼다.
눈 밑에 검은 점이 있는 소가 이겼다.
눈 밑에 검은 점이 있는 말이 이겼다.

⇨ 그러므로 눈 밑에 검은 점이 있는 사람도 이길 것이다.

젊은이는 귀납 추리 방법을 써서 이렇게 추리한 것입니다.
이 추리는 옳을까요? 그렇지 않겠지요?
네 번씩이나 '눈 밑에 검은 점'이 있는 동물이 이긴 것은 그저 우연히 그렇게 되었을 따름입니다.

‘눈 밑에 검은 점이 있다’는 사실과 ‘싸움에서 이긴다’는 사실은 별 관계가 없는 일입니다. 눈 밑에 검은 점이 있다고 해서 더 힘이 세다든가 날쌔다든가 하는 일은 없으니까요.

이렇게 서로 별 관계가 없는 사건은 아무리 여러 차례 일어나도 귀납 추리 방법을 쓸 수가 없습니다.

한 가지 더 예를 들어 볼까요?

옛날, 서양의 한 과학자가 마을 사람들한테 이상한 이야기를 들었습니다. 그것은 땀이 묻은 옷으로 밀가루 통을 막아 두었더니, 그 속에 생쥐가 들어 있더라는 얘기였지요. 그 과학자는 이 일을 이상하게 생각하여 자기가 직접 실험을 해 보았지요.

과학자는 땀이 묻은 옷으로 밀가루 통을 꽉 막아 두었습니다. 그런 다음, 며칠 뒤에 밀가루 통 속을 들여다보았습니다. 그런데 놀랍게도 그 속에는 생쥐가 진짜 들어 있었습니다.

이 실험을 몇 차례 더 해 보았지만, 실험을 할 때마다 똑같은 결과가 나왔습니다. 그래서 그 과학자는 이 놀라운 발견을 여러 과학자들 앞에서 크게 발표했답니다.

“과학자 여러분! ‘땀 + 밀가루 = 생쥐’입니다!”

어처구니없는 일이지만, 이것은 서양에서 실제로 있었던 일이랍니다. 과학자들은 오랫동안 이 일을 떠올리며, 귀납 추리 방법을 섣불리 사용하면 안 된다는 교훈으로 삼고 있지요.

귀납 추리를 사용할 때에는 먼저 그것이 정말 그러한 결과가 나오는지 여러 차례 관찰을 해 보아야 합니다. 그리고 그러한 결과가 나오는 데에 어떤 원인이 있는지 충분히 따져 보아야 하지요.

그렇지 않으면 앞 이야기에 나오는 젊은이처럼 쫄딱 망하는 일도 생길 수 있답니다. 아마 '코 밑에 검은 점이 있는 것한테 걸기만 하면 이긴다.'고 생각한 뚱뚱한 신사도 얼마 가지 않아 쫄딱 망했을 거예요. 그렇죠?

알아맞혀 보세요!

만돌이

윤동주 지음

만돌이가 학교에서 돌아오다가
전봇대가 있는 데서
돌멩이 다섯 개를 주웠습니다.

전봇대를 겨누고 돌 한 개를 던졌습니다.
딱

두 개째 던졌습니다.
아뿔싸
세 개째 던졌습니다.
딱
네 개째 던졌습니다.
아뿔싸
다섯 개째 던졌습니다.
딱

다섯 개에 세 개…….
그만하면 되었다.
내일 시험,
다섯 문제에 세 문제만 하면
손꼽아 구구를 하여 봐도
육십 점이다.
볼 거 있나 공 차러 가자.

그 이튿날 만돌이는
꼼짝 못하고 선생님한테
흰 종이를 바쳤을까요,
그렇잖으면 정말
육십 점을 맞았을까요.

재미있는 동시지요? 이것은 일본 식민지 시대에 우리말로 아름다운 시를 썼던 저항 시인 윤동주 님이 쓴 시랍니다.

자, 이 시에서 만돌이의 추리는 맞는 것일까요? 틀렸다면 어째서 틀렸는지 말해 보세요.

동물들한테 가장 필요한 물건

어느 날 곰과 여우와 까마귀가 모여 장사를 하기로 했습니다.

곰이 물었습니다.

"그런데 무엇을 팔면 가장 잘 팔릴까?"

여우가 말했습니다.

"그야 동물들한테 가장 필요한 물건이지."

까마귀가 되물었습니다.

"동물들한테 가장 필요한 물건이 뭔데?"

여우는 고개를 갸웃거렸습니다.

"글쎄, 그게 뭘까? 옳지, 그럼 까마귀 네가 가서 알아보고 오면 되겠구나. 너는 날개가 있으니, 여기저기 날아다니면서 동물들한테 가장 필요한 물건이 뭔지 알아 와. 그럼 우리는 그 물건을 가져다 팔면 되잖아?"

곰과 까마귀는 좋은 생각이라며 박수를 쳤습니다.

까마귀는 까악까악 소리를 지르며 날아갔습니다.

까마귀는 멀리 들판에서 노는 들소를 보았습니다. 까마귀는 들소한테 날아갔습니다.

"들소야, 들소야, 너는 무슨 물건이 가장 필요하니?"

들소가 말했습니다.

"나한테 가장 필요한 물건은 파리채야. 쇠파리들이 어찌나 달려드는지 귀찮아서 죽을 지경이야."

까마귀는 이 말을 듣고 고개를 끄덕였습니다. 까마귀는 또 날아갔습니다.

얼마쯤 날아가자, 이번엔 누런 황소가 밭을 갈고 있었습니다.

까마귀는 황소한테 날아갔습니다.

"황소야, 황소야, 너는 무슨 물건이 가장 필요하니?"

황소가 말했습니다.

"나한테 가장 필요한 물건은 파리채야. 쇠파리들이 어찌나 달려드는지 성가셔서 일을 할 수가 없어."

까마귀는 이 말을 듣고 고개를 끄덕였습니다. 까마귀는 또 날아갔습니다.

얼마쯤 날아가자, 이번에는 젖소가 송아지한테 젖을 주고 있었습니다.

까마귀는 젖소한테 날아갔습니다.

"젖소야, 젖소야, 너는 무슨 물건이 가장 필요하니?"

젖소가 말했습니다.

"나한테 가장 필요한 물건은 파리채야. 쇠파리들이 어찌나 달려드는지 우리 귀여운 송아지가 젖을 제대로 먹을 수가 없어."

까마귀는 이 말을 듣고 고개를 끄덕였습니다. 까마귀는 또 날아갔습니다.

얼마쯤 날아가자, 이번에는 물소가 물속에서 멱을 감고 있었습니다.

까마귀는 물소한테 날아갔습니다.

"물소야, 물소야, 너는 무슨 물건이 가장 필요하니?"

물소가 말했습니다.

"나한테 가장 필요한 물건은 파리채야. 이것 좀 봐. 쇠파리들이 어찌나 달려드는지 나는 하루 종일 물속에만 들어가 있었어."

까마귀는 이 말을 듣고 고개를 끄덕였습니다.

"아, 동물들한테 가장 필요한 건 파리채로구나! 이만큼 많이 알아봤으니까 이젠 충분하겠지. 내 친구들한테 파리채 장사를 하자고 해야겠어."

까마귀는 곰과 여우한테 날아가 이 사실을 알렸습니다.

"우린 파리채 장사를 해야 해. 내가 만난 동물들마다 모두 파리채가 필요하다고 말했어."

이렇게 해서 곰과 여우와 까마귀는 파리채를 잔뜩 만들어 동물들한테 팔러 갔습니다.

여러분, 곰과 여우와 까마귀가 과연 장사를 잘했을까요?

도움말 **귀납 추리를 할 때 조심할 점 [2]**

까마귀는 다음과 같은 귀납 추리 방법을 썼습니다.

들소는 파리채가 필요하다.

황소는 파리채가 필요하다.

142

젖소는 파리채가 필요하다.
물소는 파리채가 필요하다.

⇨ 그러므로 동물들은 파리채가 필요하다.

이 추리는 맞을까요? 그렇지 않지요? 그럼 까마귀는 무엇을 잘못한 것일까요?

그래요. 까마귀는 조사를 잘못한 것입니다. 하필이면 '소'들만 골라서 묻고 다녔으니까요. 들소, 황소, 젖소, 물소 들한테야 파리채가 필요하겠지요. 하지만 다른 종류의 동물들한테도 파리채가 필요한 것은 아닙니다. 그러니 "소들은 파리채가 필요하다."고 한다면 모를까, "동물들은 파리채가 필요하다."고 추리할 수는 없는 노릇이지요.

귀납 추리를 할 때에는 까마귀처럼 어느 부류에 치우쳐 조사를 하면 안 됩니다. 알아보려는 대상들을 골고루 조사해 보아야지요.

까마귀와 같은 실수는 우리 주변에서도 흔히 일어납니다.

예를 하나 더 들어 볼까요?

어떤 선생님이 자기 학교 학생들 가운데 도시락을 못 싸 오는 '결식 아동'이 얼마나 많은지 조사하려고 했답니다.

그런데 일일이 집을 찾아다니며 물어보려니 귀찮은 생각이 들었습니다. 그래서 간편하게 전화를 걸어 물어보기로 했지요.

"여보세요, 수철이네 집이죠? 수철이는 도시락을 꼬박꼬박 싸 가나요? 아, 그렇다고요. 알겠습니다."

이런 식으로 했던 것이지요.

이렇게 조사를 해 보니, 도시락을 못 싸 오는 학생은 조금밖에 되지 않았습니다. 그래서 선생님은 안심했습니다.

"우리 학교에 결식 아동은 얼마 안 되는구나!"

하지만 이 학교에는 결식 아동들이 상당히 많았습니다.

그렇다면 선생님은 무엇을 잘못한 것일까요?

그래요. 결식 아동을 조사하면서 전화로 알아보는 방법이 잘못되었던 것이지요.

왜냐 하면 아이한테 도시락도 못 싸 줄 만큼 가난한 집이라면, 전화를 놓고 살 형편도 못 될 테니까 말입니다. 그러니 선생님은 결국 어느 정도 여유가 있는 집 아이들만 조사한 셈입니다.

이렇게 골고루 알아보지 않고 어떤 부류에만 치우쳐 알아보면 올바른 귀납 추리를 할 수 없답니다.

알아맞혀 보세요!

다음과 같은 귀납 추리는 모두 잘못된 것입니다. 어째서 그런지 이유를 대 보세요.

144

- 야구장에 온 어린이 백 명한테 "가장 좋아하는 운동이 무엇이냐?"고 물었습니다. 그랬더니 백 명 가운데 팔십 명의 어린이가 '야구'라고 대답했습니다. 우리나라 어린이들이 가장 좋아하는 운동은 역시 야구임이 틀림없습니다.

- 고속도로 매표소를 통과하는 운전자들한테 "우리나라에서 가장 빨리 해결해야 할 문제가 무엇이냐?"고 물었더니, 많은 사람들이 "도로를 더 늘려야 한다."고 대답했습니다. 그러므로 우리는 도로를 건설하는 문제가 우리나라에서 가장 빨리 해결해야 할 문제임을 잘 알 수 있습니다.

상한 음식 찾기 · 1

여름방학이 되어 최 선생님은 반 아이들 몇 명과 함께 동해 바닷가로 캠핑을 갔습니다.

시원한 바닷물에서 실컷 수영을 하고 나온 아이들은 무척 배가 고팠습니다. 원래 물속에서 놀고 나면 배가 더 고픈 법이지요. 그래서 그날 저녁 식사 시간에는 모두들 이것저것 가릴 것 없이 허겁지겁 음식을 집어 먹었습니다.

그런데 그날 밤, 갑자기 많은 아이들이 배탈이 나고 말았습니다. 아마 음식 가운데 상한 음식이 있었던가 봅니다.

최 선생님은 어떤 음식이 상했는지 가려내려 했지만, 쉽게 분간할 수가 없었습니다. 그래서 궁리한 끝에 아이들을 불러, 저녁 식사 시간에 무슨 음식을 먹었는지 말해 보라고 했습니다.

아이들 대답은 다음과 같았습니다.

홍규 : 저는 수박, 꽁치 통조림, 소시지, 멸치볶음을 먹었어요.

명걸 : 저는 있는 대로 다 먹었어요. 수박, 밥, 우유, 사이다,
　　　꽁치 통조림, 장조림, 멸치볶음, 소시지……

이슬 : 저는 속이 안 좋아서 우유하고 소시지만 조금 먹었어요.

우람 : 저는 고기를 좋아해서 꽁치 통조림, 장조림, 소시지를
　　　먹었어요.

최 선생님은 이 말을 듣고, 어떤 음식이 상했는지 금세 가려
냈습니다. 그리고 그 음식을 가져와 몽땅 쓰레기 봉지 속에 넣
어 버렸답니다.

자, 여러분도 금세 알겠지요? 상한 음식은 어떤 것이었을까요?

일치법

아이들은 상한 음식을 먹고 모두 배탈이 났습니다.

다시 말하면 '상한 음식을 먹었다.'가 원인이 되어 '배탈이 났다.'는 결과가 나온 것이지요.

그런데 우리는 배탈이 났다는 결과만 알지, 어떤 상한 음식이 배탈을 일으켰는지 원인은 아직 모릅니다.

그렇다면 우리는 이렇게 생각할 수 있습니다.

'홍규, 명걸이, 이슬이, 우람이가 먹은 음식들을 비교해서 그 가운데 일치하는 음식을 찾으면 된다!'

맞아요! 그러면 간단하겠지요? 자, 한번 해 볼까요?

홍규 : 수박, 꽁치 통조림, 소시지, 멸치볶음

명걸 : 수박, 밥, 우유, 사이다, 꽁치 통조림, 장조림,
　　　 멸치볶음, 소시지

이슬 : 우유, 소시지

우람 : 꽁치 통조림, 장조림, 소시지

그렇군요! 아이들이 먹은 음식 가운데 일치하는 음식은 바로 '소시지'였어요! 그러므로 우리는 이렇게 추리할 수 있습니다.

"상한 소시지가 배탈을 일으킨 원인이다."

알겠지요? 이렇게 어떤 결과를 나타나게끔 한 것들 가운데 서로 일치하는 것을 찾으면, 바로 그것이 그 결과를 나타나게 한 원인이 됩니다. 그리고 이런 식으로 하는 귀납 추리 방법을 **일치법**이라고 합니다.

(단, 앞의 예에서는 상한 음식이 하나뿐이라고 가정한 것입니다.)

알아맞혀 보세요!

어떤 선생님이 몸이 허약한 어린이 다섯 명을 상담해 다음과 같은 사실을 알았습니다.

철호 : 고기를 좋아한다, 외아들이다, 음식을 가려 먹는다.
남욱 : 군것질을 많이 한다, 음식을 가려 먹는다, 내성적이다.
상수 : 외아들이다, 보약을 먹지 않는다, 음식을 가려 먹는다.
태민 : 음식을 가려 먹는다, 내성적이다, 보약을 먹지 않는다.
준규 : 고기를 좋아한다, 음식을 가려 먹는다, 군것질을 많이
      한다.

자, 위의 사실만 가지고 따진다면, 이 어린이들이 허약한 원인은 무엇이라고 추리할 수 있을까요?

상한 음식 찾기·2

그 이틀 뒤였습니다.

다른 아이들은 배탈이 다 나아 신나게 뛰어노는데, 이번에는 최 선생님이 배탈이 나고 말았습니다.

"아이고, 또 상한 음식이 있었나 보다."

최 선생님은 배가 아파서 울상이 되었습니다.

"얘들아, 우리 빨리 상한 음식을 찾아서 버리자."

선생님 말을 듣고, 아이들은 모여서 궁리를 했습니다.

홍규가 말했습니다.

"그건 간단해! 그저께처럼 먹은 음식들을 비교해 보면 될 거야."

그러자 명걸이가 타박을 주었습니다.

"야, 그저께는 우리 모두 배탈이 나서 각자 먹은 음식을 서로 비교해 볼 수 있었지만, 이번에는 선생님 혼자 배탈이 났는데 어

떻게 비교하니?"

홍규가 고개를 끄덕였습니다.

"정말 그렇구나. 이번에는 먹은 음식을 비교해 볼 수가 없어. 그러니 앞에서 배운 '일치법'을 쓸 수가 없구나. 그럼 어떻게 하지?"

아이들은 무슨 좋은 방법이 없을까 하고 열심히 궁리해 보았습니다.

그때 이슬이가 발딱 일어나며 말했습니다.

"아, 그래! 좋은 수가 있어!"

모두들 이슬이를 쳐다보았습니다.

"무슨 좋은 수?"

이슬이는 다음과 같이 설명했습니다.

"선생님은 배탈이 났지만, 우리는 모두 배탈이 나지 않았어. 그렇다면 우리가 먹지 않은 상한 음식을 선생님만 드셨다는 얘기가 되잖니?"

우람이는 고개를 갸웃거리며 물었습니다.

"그게 어쨌다는 거야?"

그러자 명걸이가 이슬이 말을 알아들었다는 듯이 손뼉을 쳤습니다.

"맞아! 그렇다면 우리가 먹은 음식과 선생님이 드신 음식이 어떤 차이가 있는지 비교해 보면 되겠구나!"

이슬이는 고개를 끄덕였습니다.

"그래, 이번에는 일치하는 음식이 아니라 차이가 나는 음식을 비교해 보는 거야."

아이들은 자기가 먹은 음식 이름을 대었습니다.

홍규 : 나는 콩나물국, 오이지, 삶은 달걀을 먹었어.
명걸 : 나는 장조림, 멸치볶음, 김을 먹었지.
이슬 : 나는 콩나물국, 두부조림을 먹었어.
우람 : 나는 오이지, 깍두기, 김을 먹었어.

아이들은 이번에는 선생님이 먹은 음식을 물어보았습니다.

선생님 : 음, 나는 장조림, 두부조림, 삶은 달걀, 우유를 먹었
단다.

명걸이가 소리쳤습니다.
"아하, 알겠다! 바로 그 음식이 상했구나!"
자, 명걸이가 말한 상한 음식은 어떤 것일까요?

도움말 **차이법**

여러분도 금세 알아맞힐 수 있겠지요?
이슬이 말대로 이번에는 일치하는 음식이 아니라, 차이가 나
는 음식을 찾으면 되겠지요?
자, 한번 해 볼까요?
아이들은 다음과 같은 음식을 먹었는데, 배탈이 나지 않았습
니다.

홍규 : 콩나물국, 오이지, 삶은 달걀
명걸 : 장조림, 멸치볶음, 김
이슬 : 콩나물국, 두부조림
우람 : 오이지, 깍두기, 김

선생님은 다음과 같은 음식을 먹었는데, 배탈이 났습니다.

선생님 : 장조림, 두부조림, 삶은 달걀, 우유

여기서 장조림은 명걸이도 먹었는데, 배탈이 나지 않았지요?
또 두부조림은 이슬이도 먹었고, 삶은 달걀은 홍규도 먹었습니다. 그러나 아이들은 배탈이 나지 않았습니다.
그런데 우유는 오직 선생님만 먹었습니다.
그렇군요! 아이들이 먹은 음식과 차이가 나는 음식은 바로 '우유'였어요!
그러므로 우리는 이렇게 추리할 수 있습니다.
"상한 우유가 배탈을 일으킨 원인이다."
알겠지요?
이렇게 어떤 결과를 나타나게끔 한 것들과, 다른 결과를 나타나게끔 한 것들을 비교하여 차이가 나는 것을 찾아보면, 바로 그것이 어떤 결과를 나타나게 한 원인이 됩니다. 그리고 이런 식으로 하는 귀납 추리 방법을 **차이법**이라고 합니다.

보람이와 슬기는 금붕어를 사다가 키웠습니다.

그런데 보람이네 금붕어는 잘 자라는데, 슬기네 금붕어는 얼마 가지 않아 죽고 말았습니다.

두 아이는 금붕어 키운 방법을 서로 비교해 보았습니다.

- 보람 : 먹이를 때에 맞춰 주었다, 어항은 아가리가 넓은 것을 사용하였다, 어항 물은 일주일에 한 번 정도 갈아 주었다, 물은 약수터에서 떠다 갈아 주었다, 어항 속에 산소 공급기를 달아 주었다.

- 슬기 : 먹이를 때에 맞춰 주었다, 어항은 아가리가 넓은 것을 사용하였다, 어항 물은 일주일에 한 번 정도 갈아 주었다, 물은 수돗물을 그대로 썼다, 어항 속에 산소 공급기를 달아 주었다.

자, 이 자료만 가지고 따진다면, 슬기네 금붕어가 일찍 죽은 원인은 무엇이라고 추리할 수 있을까요?

스물여섯 번째 이야기

"뱀은 징그럽다.", "떡볶이는 세상에서 가장 맛있는 음식이다.", "『몽실 언니』는 참 재미있다." 식의 판단은 모두 '자기 생각에 그렇다'는 주관 판단입니다.

"지구는 태양 둘레를 돈다.", "단것을 많이 먹으면 이가 썩는다.", "『몽실 언니』는 권정생 선생님이 쓴 작품이다." 식의 판단은 모두 '실제 사실이 그렇다'는 객관 판단입니다.

여기서 주관 판단과 객관 판단을 혼동해서는 안 됩니다.

예를 들면 "뱀은 징그럽다."는 판단을 "뱀은 원래부터 징그러운 동물이다." 식으로 객관 판단인 양 착각하면 어떨까요?

그러면 뱀을 애완동물로 키우며 귀여워하는 사람들을 도무지 이해하지 못하게 될 것입니다.

또 "단것을 많이 먹으면 이가 썩는다."는 판단을 "그건 단지 네 생각일 뿐이야!" 식으로 주관 판단인 양 착각하면 어떨까요? 아마 이가 잔뜩 썩게 된 다음에 뉘우칠 일만 남게 되겠지요?

그래서 어떤 판단을 할 때에는 그것이 주관 판단인지 객관 판단인지를 잘 가름해 봐야 합니다.

주관 판단에만 너무 치우친 판단을 **주관적인 판단**이라고 합니다.

귀를 막고 도둑질을 한 도둑도 '주관적인 판단'을 한 것입니다. 자기한테 방울 소리가 안 들린다고 해서 다른 사람들까지 방울 소리가 안 들릴 거라고 생각했으니 말이에요.

스물일곱 번째 이야기

"개똥이는 나한테 거짓말을 했다."는 어떤 특별한 경우에 거짓말을 했다는 개별 판단이고, "개똥이는 거짓말쟁이다."는 어떠한 경우든 몽땅 거짓말을 한다는 보편 판단입니다.

"김슬기는 눈이 예쁘다."는 어떤 특별한 부분이 예쁘다는 개별 판단이고, "김슬기는 예쁘다."는 김슬기 전체가 예쁘다는 보편 판단입니다.

또 "어린이는 예쁘다."는 어린이 전체가 예쁘다는 보편 판단이고, "김슬기는 예쁘다."는 어린이 가운데 어떤 특별한 어린이가 예쁘다는 개별 판단입니다.

여기서 "김슬기는 예쁘다."는 똑같은 문장이지만, 이처럼 어떻게 쓰이느냐에 따라 달라지지요?

스물여덟 번째 이야기

"나는 무척 배가 고프다."는 음식을 먹어 배를 채우기 전까지만 옳은 판단입니다.

하지만 "시간은 간다."는 어떤 경우에도 옳은 판단입니다. (시간은 우주와 더불어 존재한답니다. 이것이 어째서 그런지를 설명하려면 꽤 복잡합니다. 그러니 이 문제는 여러분이 뒷날 과학 공부를 더 많이 해서 따로 배우는 편이 좋겠어요. 지금은 그냥 '우주가 존재하므로 시간도 존재한다.'쯤만 알아 두세요. 자세히 설명해 주지 못해서 미안해요!)

160

"착한 사람들이 고통을 받고 있다."는 어떤 경우에만 옳은 판단입니다. 착한 사람은 결국에는 복을 받게 되겠지요?

"우리나라는 1945년 8월 15일에 일제에서 해방되었다."는 어떤 경우에도 옳은 판단입니다. 이것은 바로 그 '어떤 경우'가 '1945년 8월 15일'이라고 이미 딱 밝혀져 있기 때문입니다.

앞으로 십만 년, 백만 년이 흘러도 "우리나라는 1945년 8월 15일에 일제에서 해방되었다."는 사실이 달라질 수는 없잖아요?

스물아홉 번째 이야기

① 전제 : 거울은 "백설 공주가 세상에서 가장 예쁘다."고 말했다.
　　결론 : 그러므로 나는 세상에서 가장 예쁜 사람이 아니다.

② 전제 : 저 녀석은 벌써 여러 차례 "늑대가 나타났다."고 거짓
　　　　말을 했다.
　　결론 : 그러므로 이번에도 거짓말을 한 것이다.

③ 전제 : 백설 공주가 죽었는데도 거울은 "백설 공주가 세상에서
　　　　가장 예쁘다."고 말했다.
　　결론 : 그러므로 백설 공주는 죽지 않았다.

서른 번째 이야기

"얼굴이 예쁜 사람은 모두 착하다."고 말할 수 있을까요? 그렇지

않지요? 이런 틀린 전제를 가지고 추리를 하면 결론도 틀리게 됩니다.

물론 여기서 "보슬이는 착하다."가 옳은 판단일 수도 있을 것입니다. 그러나 그것은 그냥 우연히 옳을 뿐이지, 올바른 추리를 해서 끌어낸 판단은 아니지요.

"오직 공장에 다니는 사람만이 노동자이다."라는 전제는 틀린 판단입니다. 공장에서 일하지 않고 사무실에서 일하는 '정신 노동자'들도 얼마든지 있으니까요.

이런 틀린 전제를 가지고 "선생님들은 노동자가 아니다." 하고 결론을 끌어내려 하면 엉터리 추리가 됩니다.

서른한 번째 이야기

첫 번째 추리에서 전제로 쓴 "우리 아버지는 대령이고, 너희 아버지는 상사이다."도 옳은 판단이고, "너희 아버지는 우리 아버지 부하이다."도 옳은 판단입니다.

이처럼 전제가 옳은데, 이 추리는 어째서 틀린 것일까요?

전제에 맞지 않게 결론을 내렸기 때문입니다. 아버지가 부하인 것과 아들이 부하인 것은 서로 다른 문제잖아요?

두 번째 추리도 마찬가지입니다.

"너는 공부방이 있다.", "너는 과외 공부를 한다.", "너는 참고서가 많다.", "너는 용돈을 많이 받는다."는 전제가 옳아도, 이것으로 "너는 공부를 잘해야 한다."는 결론을 끌어낼 수는 없습니다.

‘공부방이 있느냐, 없느냐’의 문제와 ‘공부를 잘한다, 못한다’의 문제는 서로 다른 문제입니다.

물론 이것이 서로 관련이 있는 문제라고 생각하는 친구들도 많을 것입니다.

그렇게 생각하는 친구는 ‘이것이 서로 관련이 있는 문제다.’라는 것을 밝히기 위한 추리를 한 번 더 해야 합니다.

서른두 번째 이야기

엄마가 나한테 아무것도 사 주지 않았다고 해서, “엄마는 나를 미워하는 게 틀림없다.”고 추리할 수 있을까요?

흥부가 제비 다리를 고쳐 주고 보물이 나오는 박씨를 얻었다고 해서, “누구나 제비 다리를 고쳐 주면 보물이 나오는 박씨를 얻을 수 있다.”고 추리할 수 있을까요?

내가 반장 선거에 나간다고 해서 무조건 “아이들과 선생님이 나를 비웃을 것이다.” 하고 추리할 수 있을까요?

우리가 성급하게 넘겨짚어 추리를 하면 ‘성급한 일반화의 오류’에 빠지기 쉽습니다. 이 오류에 대해서는 ‘이야기로 익히는 논리 학습 시리즈’ 3권인 『고맙다, 논리야』 ‘예순여덟 번째 이야기’에서 다시 배웁시다.

서른세 번째 이야기

‘병들다’라는 말은 ‘손에 병을 들다’와 ‘몸에 병이 들다’의 두 가지 뜻으로 쓸 수 있겠지요?

"어린이는 나라의 보배이다."라고 할 때의 '보배'는 아주 귀중한 사람을 비유하는 말로 금은방에서 사고 파는 '보배'와는 서로 다른 개념입니다.

기도할 때의 '하느님 아버지'의 '아버지'와 "아버지는 남자이다." 라고 할 때의 '아버지'도 서로 다른 개념이겠지요? (어떤 서양 교회에서는 여성 신자들이 "왜 하느님을 높여 부르는 말에 '아버지'만 쓰느냐!"고 항의하여 '하느님 어머니'라고도 부를 수 있게 했답니다.)

마지막 문제는 좀 알쏭달쏭하지요?

"없는 것이 없겠군요."에서 '없는 것'은 상점에 있는 물건을 가리키고 있고, "'없는 것'이 없으니까⋯⋯."에서 '없는 것'은 물건이 아니라 '없는 것'이라는 낱말을 가리키고 있잖아요?

그러니 이것도 서로 다른 개념입니다.

이와 비슷한 문장을 하나 더 들어 볼까요?

① 나는 너보다 앞에 있다.
② '나'는 '너'보다 앞에 있다.

여기서 ①은 내가 너보다 앞에 있다는 뜻이고, ②는 국어사전을 찾을 때 '나'라는 글자가 '너'라는 글자보다 앞에 나온다는 뜻입니다.

작은따옴표만 찍어도 개념이 달라지니 우습지요?

서른여섯 번째 이야기

① 0보다 큰 어떤 수는 자연수이다.

② 어떤 자연수는 0보다 큰 수이다.

③ 0보다 크지 않은 수는 자연수가 아니다.

서른일곱 번째 이야기

이쯤은 상식적으로 따져 봐도 얼마든지 풀 수 있겠지요?

서른여덟 번째 이야기

꽁치 통조림은 포도 통조림보다 무겁다.

김슬기는 이보람 오른쪽에 앉아 있다.

서른아홉 번째 이야기

콩숙이가 준호를 좋아한다고 해서 "나를 좋아하지 않는다."고 추리하는 것은 틀립니다.

전제에서 "콩숙이는 준호를 좋아하거나 나를 좋아한다."고 했으니, 콩숙이는 준호도 좋아하고, 나도 좋아할 수 있습니다.

토끼 간은 바위 위에 널려 있지 않으니, "토끼 간은 토끼 뱃속에 있다."고 추리하는 것은 옳습니다.

그런데 다음과 같은 추리는 어떨까요?

토끼 간은 토끼 뱃속에 있거나 바위 위에 널려 있다.

토끼 간은 토끼 뱃속에 있지 않다.

_____

⇨ 그러므로 토끼 간은 바위 위에 널려 있다.

선언 추리 모양은 분명히 맞는데, "토끼 간이 바위 위에 널려 있다."니 어째 이상하지요?

그래요. 이것은 선언 추리의 모양은 제대로 갖추었지만, "토끼 간은 토끼 뱃속에 있지 않다."는 전제가 틀렸기 때문에 결론도 틀린 것이랍니다.

마흔 번째 이야기

"만일 자동차가 더 많아진다면, 교통 체증은 심해질 것이다."라는 판단을 곰곰이 생각해 봅시다.

교통 체증을 심하게 일으키는 원인에는 여러 가지가 있을 것입니다. 도로가 좁다거나, 운전자들이 교통 질서를 지키지 않는다거나, 신호등이 모자란다거나, 표지판을 제대로 만들어 놓지 않았다거나……

물론 '자동차가 더 많아졌다.'는 것도 교통 체증을 일으키게 하는 원인 가운데 하나지요.

"만일 자동차가 더 많아진다면, 교통 체증은 심해질 것이다."라는 판단은 그 여러 가지 원인 가운데 하나를 말하고 있는 것입니다.

다시 말해서 '자동차가 더 많아지는 일'은 '교통 체증을 심하게 하는 일'의 한 부분일 뿐이지요.

그래서 자동차가 더 많아졌다면 교통 체증은 심해지겠지만, 자동차가 더 많아지지 않았다고 해서 교통 체증이 심해지지 않으란 법은 없습니다. 자동차는 더 많아지지 않았지만, 다른 이유로 교통 체증이 심해질 수도 있으니까요.

자, 다음과 같은 추리를 보면 더 알기 쉬울 것입니다.

만일 개라면, 동물이다.
개가 아니다.

⇨ 그러므로 동물이 아니다.

고양이도 개는 아니지만 동물임에 틀림없으니, 이 추리는 틀리지요?

그래요. 개는 동물 가운데 한 종류일 뿐이므로, "개이므로 동물이다." 하고 말할 수는 있어도 "개가 아니므로 동물이 아니다." 하고 말할 수는 없는 것이랍니다. 이제 알겠지요?

마흔한 번째 이야기
추리 1은 귀납 추리이고 추리 2는 연역 추리입니다.

이 두 추리를 놓고 귀납 추리와 연역 추리가 어떻게 다른지 곰곰이 살펴보세요.

마흔두 번째 이야기

저라면 '오리표 감기약'을 사 먹을 거예요. 여러분 생각은 어때요?

마흔세 번째 이야기

돌멩이로 전봇대를 몇 번 맞히느냐에 따라 성적이 달라진다면, 매일 야구놀이만 해도 될 텐데……. 쩝쩝(입맛 다시는 소리).

마흔네 번째 이야기

만일 축구장에 온 어린이 백 명한테 "가장 좋아하는 운동이 무엇이냐?"고 물었다면, '축구'라는 대답이 가장 많이 나왔을 테지요.

또 병원에 누워 있는 환자들한테 "우리나라에서 가장 빨리 해결해야 할 문제가 무엇이냐?" 하고 물었다면, 많은 사람들이 "병원비를 싸게 해야 한다."고 대답했을지도 모르지요.

마흔다섯 번째 이야기

음식을 가려 먹는다.

마흔여섯 번째 이야기

어항 물을 수돗물 그대로 썼다.